J. Rehrt

Dieses Buch gehört

_____

Christiane Schlüter

Im Zeichen des Sterns
Mit der Familie durch die Weihnachtszeit

Christiane Schlüter

Im Zeichen des Sterns

Mit der Familie durch die Weihnachtszeit

SANKT
ULRICH
VERLAG

GmbH

Die Autorin dankt
Markus, Laura, Jan-Christoph und Pia aus Augsburg
für ihre tatkräftige Mithilfe an diesem Buch.

Bibliographische Information der Deutschen Bibliothek

Die Deutsche Bibliothek verzeichnet diese Publikation in der
Deutschen Nationalbibliographie; detaillierte bibliographische Daten
sind im Internet über http://dnb.ddb.de abrufbar.

Umschlaggestaltung: UV Werbung, Mediengruppe Sankt Ulrich Verlag, Augsburg
Titelbilder: MEV, Prophoto GmbH, Verband öffentlicher Versicherer, SUV/Thiemel
Fotohinweise:
S. 16, 27, 40, 69, 85, 174: KnorrPrandell GmbH,
D-96251 Lichtenfels, www.bastelideen.com
S. 28, 84, 88: Dr. Christiane Schlüter, Augsburg
S. 35, 129, 143, 165: CMA/Fleisch
S. 41, 45, 55, 71: Peter Kölln KGaA Köllnflockenwerke
S. 11, 14, 21, 25, 29, 37, 46, 47, 48, 59, 67, 68, 70, 89, 97, 101, 105, 108, 113, 128, 131,
135, 137, 141, 147, 155, 171: MEV
S. 26, 157: CMA/Dt. Ei
S. 34, 77: Edding
S. 100, 117, 161: Thomas Pinzka, Erlangen
S. 114: Prophoto GmbH, Frankfurt am Main
S. 119: CMA/Dt. Geflügel
Alle übrigen: privat, Sankt Ulrich Verlag GmbH Augsburg
Druck und Bindung: J. P. Himmer GmbH & Co. KG, Augsburg
Printed in Germany
ISBN 3-936484-60-0
www.sankt-ulrich-verlag.de

Inhaltsverzeichnis

Einführung

Advent und Weihnachten, das ist die Zeit des Erzählens. Wenn es draußen kalt und ungemütlich ist, verbreiten drinnen Kerzen ihren freundlichen Schein. Wir rücken enger zusammen und besinnen uns auf das, was unser Leben hell macht.

In der jüdischen und christlichen Tradition hat das Erzählen seit jeher einen besonderen Stellenwert. Im Erzählen wird das Handeln Gottes an den Menschen immer wieder neu erfahren: die Geschichte Israels, das Leben und Sterben Jesu und seine Auferweckung. Diese Ereignisse finden ja nicht jenseits von Raum und Zeit statt, sondern mitten in dieser Welt, in dieser Zeit. Durch sie wirkt Gott in unser Leben hinein. Deshalb ist ihr Nacherzählen mehr als ein Betrachten im Nachhinein. Es ist Vergegenwärtigung. Es macht Gottes Handeln erlebbar.

Dem will das vorliegende Buch Rechnung tragen. Es bietet die Advents- und Weihnachtsgeschichten und dazu die Lebensgeschichten der Heiligen in erzählender Auslegung dar und vertieft ihr Verständnis durch Bibeltexte, Lieder und Gebete. Vom ersten Adventssonntag bis zum 2. Februar zeichnet es den Bogen des weihnachtlichen Festkreises nach.

Als richtiges Familienbuch ist es für alle Generationen und Altersgruppen gedacht. Manche Texte eignen sich besonders gut, um sie Kindern vorzulesen, andere bieten Lesestoff und Denkanstoß für Erwachsene in einer stillen Stunde. Dazwischen hineingestreut sind Einblicke in das Brauchtum, Gedichte sowie Basteltips, Koch- und Backrezepte. Es empfiehlt sich in jedem Fall, schon mal ein wenig vorzublättern, um am jeweiligen Tag für die jeweilige Zuhörerschaft das Passende auszuwählen.

Daß der Weihnachtsfestkreis in diesem und in den kommenden Jahren besonders reiche und schöne Stunden bringen wird und daß dieses Buch seinen Teil dazu beiträgt, wünscht

Ihre Christiane Schlüter

Erster Adventssonntag

Gott kommt uns entgegen

*Wir zünden die erste Kerze am Adventskranz an
und beginnen, die Krippe aufzustellen.
Wir stimmen uns ein auf die Ankunft Jesu*

Zeit der Vorbereitung

Heute, am ersten Adventssonntag, beginnt der Weihnachtsfestkreis und mit ihm das neue Kirchenjahr. Es fängt nicht mit einem Paukenschlag an, sondern leise: mit einer Zeit des Wartens. Denn von heute an bereiten wir uns auf die Geburt Jesu vor.

„Advent" heißt diese Vorbereitungszeit. Der Name bedeutet Ankunft. An Weihnachten ist Gott in die Welt gekommen, freuen wir uns über das Kind in der Krippe. Und wie das so ist, wenn jemand kommt, auf den man sich freut: Man zählt die Tage und Wochen. Vier Wochen sind es noch bis zum Heiligen Abend, vier Adventssonntage.

Die Menschen haben die Adventszeit nicht von Anfang an gefeiert. Es gibt diese besondere Zeit erst seit Ende des 4. Jahrhunderts. Und auch da fand der Advent nicht in den vier Dezemberwochen statt wie heutzutage, sondern in den drei Wochen vor dem 6. Januar, dem Tag der „Erscheinung des Herrn" (Epiphanie). Diese drei Wochen beging man mit Gottesdiensten, Fasten und guten Werken.

Im 5. Jahrhundert dann wurde eine sogar vierzigtägige Fastenzeit vor dem Weihnachtsfest üblich. Die Zahl vierzig hat ja von jeher eine besondere Bedeutung: Vierzig Jahre wanderte Moses mit dem Volk durch die Wüste, vierzig Tage fastete Jesus in der Wüste. Vierzig Tage dauert auch die Fastenzeit vor Ostern: Die adventliche Fastenzeit ist nämlich als Abbild der vorösterlichen Passionszeit entstanden. So wie sich die Menschen durch Fasten und Nachdenken auf Ostern vorbereiteten, so wollten sie sich auch auf Weihnachten vorbereiten. Und damit begannen sie gleich nach dem Martinsfest. Dieser Tag, der 11. November, war noch einmal ein Schlachttag und ein Tag für närrische Bräuche – ganz ähnlich wie im Februar der Faschingsdienstag, bevor die Passionszeit anfängt. Noch heute verspeisen wir ja am Martinstag gern eine Gans.

Wer nun aber nachrechnet, merkt: Da kommt man auf mehr als vier Sonntage. So hatte die Adventszeit denn auch zunächst sechs Sonntage, bis sich allmählich die Viererzahl durchsetzte – womit die Adventszeit ihre heutige Gestalt bekam.

Daran hatte ein Papst besonderen Anteil: Gregor der Große, der im Jahr 604 gestorben ist. Er war es auch, der die festlichen Gedanken noch weiter ausspann: Advent und Weihnachten haben nämlich nicht nur mit der Passionszeit und Ostern zu tun. Die Heilsgeschichte geht ja auch nach Ostern noch weiter: Bevor Jesus zum Vater zurückkehrt, verspricht er seinen Jüngern, daß er wiederkommen wird. Auf dieses Versprechen verlassen wir uns bis heute. Und deshalb freuen wir uns im Advent nicht nur auf das Kind in der Krippe, sondern auch auf Christus, der einst wiederkommen wird, wie er es versprochen hat. Besonders der heutige, der erste Adventssonntag ist dieser Hoffnung auf den wiederkehrenden Christus gewidmet.

Ein Licht geht auf über der Welt

Auf, werde licht,
denn es kommt dein Licht,
und die Herrlichkeit des Herrn geht leuchtend auf über dir.
Denn siehe,
Finsternis bedeckt die Erde und Dunkel die Völker,
doch über dir geht leuchtend der Herr auf,
seine Herrlichkeit erscheint über dir.
Völker wandern zu deinem Licht
und Könige zu deinem strahlenden Glanz.
Bei Tag wird nicht mehr die Sonne dein Licht sein,
und um die Nacht zu erhellen,
scheint dir nicht mehr der Mond,
sondern der Herr ist dein ewiges Licht,
dein Gott dein strahlender Glanz.

(Jesaja 60,1–3.19)

11

Gebet zur ersten Kerze

Lieber Gott,
heute feiern wir den ersten Advent.
Wir zünden die erste Kerze an
und freuen uns an ihrem Licht.
Wir freuen uns auf Jesus Christus, deinen Sohn.
An Weihnachten hat er die Welt hell gemacht.
Seither hat das Dunkel keine Chance mehr.
Denn dein Licht ist bei uns, für immer.
Dafür danken wir dir,
wenn wir nun die erste Kerze anzünden.

Amen

Die Lichter am Adventskranz

Vier Kerzen trägt unser Adventskranz. Heute brennt die erste. An jedem Sonntag zünden wir eine Kerze mehr an, als Zeichen dafür, daß Gottes Licht in die Welt kommt.

Kerzen spenden nicht nur Licht, sondern auch Wärme. Sie schaffen einen kleinen, lichten und behaglichen Raum inmitten des Dunkels. Da läßt es sich gut träumen und den Gedanken nachhängen. Das lustige Flackern der Flämmchen macht uns fröhlich. Kerzen gehören zur Adventszeit wie … ja, wie der Adventskranz insgesamt!

Der Adventskranz ist als Brauch noch gar nicht so sehr alt. Aber er hat Vorgänger. Schon im Mittelalter holte man sich während der Advents- und Weihnachtszeit grüne Zweige ins Haus: Tanne, Fichte, Eibe oder Buchsbaum zum Beispiel. Als süddeutscher Vorläufer des Adventskranzes kann das „Paradeisl" oder auch der „Klausenbaum" betrachtet werden: eine dreiseitige, mit Tannenzweigen oder Buchsbaum besteckte Lichterpyramide. Äpfel zierten ihre vier Spitzen, und in jedem Apfel steckte eine Kerze.

Den „Ur-Kranz" hängte im Jahr 1839 der evangelische Pfarrer Johann Hinrich Wichern im „Rauhen Haus" auf, einem evangelischen Jugendheim in Hamburg. Er wollte auf diese Weise die Andachten festlich gestalten. Am ersten Adventssonntag wurde im „Rauhen Haus" die erste Kerze auf diesem Kranz entzündet, und dann an jedem Tag eine weitere. Jawohl, an jedem Tag, bis zum 23. Dezember! Denn der erste Adventskranz hatte 23 Kerzen: vier große weiße für die Sonntage und 19 kleine rote für die Werktage.

Es muß ein sehr großer Kranz gewesen sein, damit alle Kerzen darauf Platz hatten. Genau gesagt, war auch dieser gar kein Kranz mit Tannenzweigen, sondern ein hölzerner Leuchter, ähnlich wie ein Wagenrad mit aufgesteckten Kerzen. In alten romanischen Kirchen, beispielsweise in Hildesheim, finden sich auch solche Leuchter. Sie stammen noch aus dem Mittelalter und sehen ein wenig aus wie Kronen – wie Himmelskronen, weil sie das himmlische Jerusalem darstellen.

Also, der erste Adventskranz war ziemlich groß. Er paßte vielleicht in den Saal eines Jugendheimes, aber doch in kein normales Wohnzimmer! Kein Wunder, daß man irgendwann auf die Idee kam, die Wochentags-Kerzen wegzulassen und nur die vier Sonntagskerzen übrigzubehalten. Jetzt hatte der Adventskranz überall Platz. Weil aber das Tannengrün im Winter schon seit uralten Zeiten ein Symbol für das neue Leben ist, steckte man schon bald Zweige zum Rund zusammen. Und heute können wir uns die Adventszeit ohne den Kranz gar nicht mehr vorstellen.

> *Und das Licht leuchtet*
> *in der Finsternis,*
> *und die Finsternis*
> *hat es nicht erfaßt.*
>
> *(Johannes 1,5)*

Kleines Gedicht

Advent, Advent,
ein Lichtlein brennt.
Erst eins, dann zwei, dann drei, dann vier …
Dann steht das Christkind vor der Tür.

Die Sprache der Farben

Sie sind nicht nur schön, sondern haben auch eine Bedeutung: die Farben am Adventskranz.

GRÜN steht für die Hoffnung auf das neue Leben in Christus, die sich an Weihnachten erfüllt. Weil Nadelgehölze im Winter noch grün sind, schmücken sie als Kranz oder Baum unsere weihnachtlichen Wohnungen.

ROT symbolisiert die Liebe. Nicht nur die Gefühle, die ein Mensch für den anderen hegt, sondern auch die Liebe Gottes zu den Menschen. Deshalb sind die Kerzen am Adventskranz oft rot.

VIOLETT ist die eigentliche Farbe des Advents. Denn die vier Wochen vor Weihnachten sind, genau wie die Fastenzeit vor Ostern, nicht nur eine Zeit des Wartens, sondern auch der Besinnung und Umkehr. Dafür steht das Violett. Vor allem in den katholischen Kirchen zieren oft drei violette Kerzen den Adventskranz, umschlingen ihn violette Bänder und Schleifen, um die Bußzeit zu verdeutlichen.

ROSA ist die Farbe der Vorfreude und hat ihren festen Platz am dritten Sonntag: Er heißt „Gaudete – Freuet euch". Weshalb, wenn die anderen Kerzen violett sind, die dritte Kerze am Adventskranz oft rosa ist.

Ein Kranz zum Selbermachen

Adventskränze gibt es heute natürlich jede Menge zu kaufen. Aber das Selberbasteln ist viel schöner und macht Kindern wie Erwachsenen Spaß. Die Utensilien dafür gibt es im Bastelgeschäft, aber auch in Gärtnereien: Strohkränze, Drahtgestelle, lackierte Äpfel, Moos. Und manches findet sich vielleicht auf einem Spaziergang durch Wald und Feld: Tannenzapfen, schöne Blätter, Vogelbeeren, skurrile Zweige.

Auch Sterne gehören nicht erst an den Weihnachtsbaum, sondern schmücken schon den Adventskranz. Sie sind die Sinnbilder des himmlischen Lichts, das in dunkler Nacht leuchtet.

Gefüllter Strohkranz

Füllen Sie einen Kranz aus Stroh üppig mit selbstgesammeltem Moos. Stecken Sie mit Blumendraht Stroh- und Faltsterne, Schleifen und Tannenzapfen auf das Stroh und drücken Sie vier Kerzen ins Moos.

Grüner Kranz

Umwickeln Sie einen starken Ring aus Draht mit Tannen- oder Fichtenzweigen, die Sie mit Blumendraht festbinden. Legen Sie die Zweige schuppenförmig so übereinander, daß jeweils die Ansätze mit dem Blumendraht verdeckt werden.
Diesen Kranz können Sie vielfältig weitergestalten. Mit Blumendraht stecken Sie die Dekoration auf, dazwischen kommen vier Kerzenhalter für die Lichter. Sie können den Kranz auch auf eine große Platte legen und etwas höhere Kerzen in die Mitte stellen. Oder Sie umwickeln ihn mit rotem oder lila Band und hängen ihn daran auf.

Adventsteller

Besorgen Sie einen halbkugelförmigen Halter mit vielen Löchern und stellen Sie ihn auf einen großen Teller oder eine Platte. Vier lange, schlanke Kerzen werden symmetrisch in den Halter gesteckt. In die restlichen Löcher stecken Sie Tannenzweige. Die längsten Zweige kommen zuunterst. Die Einstecklöcher werden jeweils durch die darüber befindliche Lage an Tannenzweigen verdeckt. So entsteht ein rundes, grünes Bett, auf dem Sie die Dekoration nach Belieben anordnen können: Sterne, Zapfen, Mandarinen, Gebäck – hier hat vieles Platz.

Faltsterne

Das brauchen wir:
Bastelglanzfolie, beidseitig
beschichtet
Nähnadel
Garn
Alleskleber

So wird's gemacht:
Die Bastelfolie zu einem ca.
60 cm langen und 10–20 cm
breiten Streifen schneiden und
wie eine Ziehharmonika falten. (Je breiter der Streifen ist,
desto größer wird der Stern,
und je länger der Streifen ist,
desto dichter wird der Stern.)
Ein Ende schräg abschneiden.
Das andere Ende mit Nadel und
Faden zusammenhalten. Dann
die Ziehharmonika auffächern
und die beiden offenen Seiten
zusammenkleben. Sie können
auch den gefalteten Streifen
in der Mitte mit dem Garn
zusammenhalten und die offenen Enden nach beiden Seiten
auseinanderziehen und fest-
kleben. Wenn Sie die gefaltete
Ziehharmonika an einer Seite
einschneiden, erhalten Sie beim
Auseinanderziehen ein dekora-
tives Lochmuster.

Sterne aus Band

Das brauchen wir:
Flitterband, silber,
15 mm breit
Flitterband, silber,
25 mm breit
Silberschnur, 1 mm dick
Wachsperlen, weiß, 8 mm
Wachsperlen, weiß, 6 mm
Alleskleber

So wird's gemacht:
Das Band zu einer Spitze
legen und beide Enden spitz
zuschneiden, diese mit
Alleskleber zusammenkleben.
So sieben Sternenspitzen formen und ebenfalls mit Kleber zu
einem Stern zusammen-
fügen. In die Mitte des Sterns
eine Wachsperle kleben
(die kleinere Perle gehört zu
den schmaleren Bändern).
Silberfaden als Aufhänger durch
eine der Spitzen ziehen.

Die Krippe am ersten Advent

Weihnachten kommt nicht von heute auf morgen. Es hat eine Vorbereitungszeit im Advent. In dieser Zeit sind wir gedanklich unterwegs zur Krippe. Auch die Weihnachtsgeschichte erzählt davon, daß Menschen unterwegs sind. Maria und Joseph ziehen nach Bethlehem. Die drei Weisen ziehen gen Westen, um dem Stern zu folgen.

Der Ort, an dem sie sich treffen werden, ist die Krippe. Heute, mit dem Beginn der Adventszeit, können wir sie aufstellen. In vielen Familien werden ja Krippenfiguren bereits seit Generationen gesammelt und immer wieder ergänzt. Andere fangen erst an, sich eine Krippe aufzubauen. Da wäre es sinnvoll, vorab zu entscheiden: Wie soll die Krippe aussehen? Aus welchem Material sollen die Figuren sein? Holz, Ton oder – den Kleinen zuliebe, die mitbasteln wollen – Knetmasse? Soll es eine alpenländisch-folkloristische Krippe sein oder lieber eine, die auf den ursprünglichen Kulturkreis, Palästina, verweist? Übrigens: Wer einmal anfängt, eine Krippe zu bauen, hat das ganze Jahr über etwas davon. Immer wieder werden dekorative Kleinigkeiten ins Auge fallen, die es mitzunehmen und für den Advent aufzuheben lohnt.

Aber heute werden noch nicht alle Schätze aufgebaut. Wir können erst einmal die Höhle oder den Stall gestalten, vielleicht aus Rinde und Zweigen oder aus Steinen, die wir selbst gesammelt haben. Da hinein stellen wir die leere Krippe.

Wir können auch einen Weg anlegen, aus Sand oder aus Streumaterial aus dem Bastelladen, und ihn mit Halbedelsteinen oder bunten Glasperlen säumen. Auf diesem Weg werden die Figuren am Ende der Weihnachtszeit entlangkommen. Am anderen Ende des Weges erheben sich vielleicht ein paar größere Gesteinsbrocken: das Dorf von Bethlehem.

Damit später alle den Weg finden, hängen wir noch den Stern auf. Gut sichtbar schwebt er über der leeren Krippe, über der kargen Landschaft mit dem Weg.

Mehr ist heute noch nicht zu sehen. Wie in der Schöpfungsgeschichte. Da war auch zuerst das Licht da, und darunter erstreckte sich das Land, die feste Erde.

Und am nächsten Sonntag, am zweiten Advent, geht es dann weiter mit unserer Krippe.

Besondere Messen

Viermal im Kirchenjahr finden jeweils innerhalb einer Woche Fast- und Bettage statt, die Quatembertage. Sie leiten eine neue Jahreszeit ein, denn der Name kommt von „quattuor tempora – vier Jahreszeiten". Die erste Woche im Advent ist solch eine Quatemberwoche. Mit besonderen Gottesdiensten stimmen sich die Gemeinden während dieser Woche auf den Advent ein.

Ein besonderer Ausdruck der freudigen Erwartung im Advent sind die Rorate-Messen. Sie haben ihren Namen aus der Verkündigung des Propheten Jesaja, dessen erstes Wort in der lateinischen Übersetzung „Rorate" lautet:

Tauet, ihr Himmel, von oben,
ihr Wolken, laßt Gerechtigkeit regnen!
Die Erde tue sich auf und bringe das Heil hervor,
sie lasse Gerechtigkeit sprießen.
Ich, der Herr, will es vollbringen.

(Jesaja 45,8)

Diese Messen waren früher vor allem in Bayern liturgischer Höhepunkt der Adventszeit. Man nannte sie auch „Engelamt", weil in ihnen die Verkündigung des Engels von der Geburt des Herrn das Evangelium darstellt. Im Mittelpunkt der Rorate-Messen steht Maria als Gottesgebärerin.

Heute finden die Messen an den Werk- oder Samstagen bis zum 16. Dezember statt. Sie werden frühmorgens gefeiert, wenn es noch dunkel ist. Die Kirchen sind dann nur von Kerzen erleuchtet – eine wunderbare Einstimmung auf Jesus, das Licht der Welt.

O Heiland, reiß die Himmel auf

1. O Hei - land, reiß die Him - mel auf, her - ab, her -
ab vom Him - mel lauf. Reiß ab vom Him - mel Tor und
Tür, reiß ab, wo Schloß und Rie - gel für.

2. O Gott, ein Tau vom Himmel gieß, / im Tau herab, o Heiland, fließ. / Ihr Wolken, brecht und regnet aus / den König über Jakobs Haus.

3. O Erd, schlag aus, schlag aus, o Erd, / daß Berg und Tal grün alles werd. / O Erd, herfür dies Blümlein bring, / o Heiland, aus der Erden spring.

4. Wo bleibst du, Trost der ganzen Welt, / darauf sie all ihr Hoffnung stellt? / O komm, o komm vom höchsten Saal, / komm, tröst uns hier im Jammertal!

5. O klare Sonn, du schöner Stern, / dich wollten wir anschauen gern; / o Sonn, geh auf, ohn deinen Schein / in Finsternis wir alle sein.

6. Hier leiden wir die größte Not, / vor Augen steht der ewig Tod. / Ach komm, führ uns mit starker Hand / vom Elend zu dem Vaterland.

(Text: Friedrich Spee, 1622; Musik: Rheinfelsisches Gesangbuch, Augsburg, 1666)

Zweiter Adventssonntag

Johannes der Täufer

Wir hören die Bußpredigt und erwarten gemeinsam mit dem Täufer denjenigen, der Gottes Liebe zu uns bringt

Wie alles anfing

Es begann, wie es bei dem Propheten Jesaja steht: Ich sende meinen Boten vor dir her; er soll den Weg für dich bahnen. Eine Stimme ruft in der Wüste: Bereitet dem Herrn den Weg! Ebnet ihm die Straßen! So trat Johannes der Täufer in der Wüste auf und verkündigte Umkehr und Taufe zur Vergebung der Sünden. Ganz Judäa und alle Einwohner Jerusalems zogen zu ihm hinaus; sie bekannten ihre Sünden und ließen sich im Jordan von ihm taufen. Johannes trug ein Gewand aus Kamelhaaren und einen ledernen Gürtel um seine Hüften, und er lebte von Heuschrecken und wildem Honig. Er verkündete: Nach mir kommt einer, der ist stärker als ich; ich bin es nicht wert, mich zu bücken, um ihm die Schuhe aufzuschnüren. Ich habe euch nur mit Wasser getauft, er aber wird euch mit dem Heiligen Geist taufen.

(Markus 1,2–8)

Umkehr in der Wüste

Wer Johannes hören will, muß in die Wüste kommen. In eine karge Gegend mit schroffen, steinigen Hängen, zwischen denen der Jordan fließt. Grell scheint hier die Sonne, es gibt keinen Schatten, in den man sich flüchten kann. Unbarmherzig fällt das Licht auf die vielen Menschen am Ufer.

Im Wasser des Jordan steht er, Johannes der Täufer, er trägt sein rauhes Gewand. Hager ist er, weil er sich von Heuschrecken und wildem Honig ernährt. Im sonnengegerbten Gesicht blitzen die Augen. Dieser Mann scheint alles zu sehen. Alle Fehler, alle Schwächen. „Kehrt um", ruft er. „Das Himmelreich ist nahe." Und die Menschen aus den Städten und Dörfern folgen seinem Ruf, gehen hinaus in die Einöde. Sie steigen in den Jordan, bekennen ihre Sünden und lassen sich mit dem Wasser des Flusses taufen. Sie wollen sich reinigen, von innen und von außen.

Johannes der Täufer, so wie uns die Bibel von ihm erzählt, ist ein strenger Mann gewesen. Er spricht nicht von Gnade und Barmherzigkeit – zumindest ist nichts davon überliefert. Seine Gerichtspredigt ist radikal. „Tut Buße, kehrt um!" Wer das nicht tut, ist für das Reich Gottes verloren. Und auf irgendeine hohe Stellung in der Gemeinde oder ähnliche gute Beziehungen zu Gott soll man sich schon gar nicht etwas einbilden.

Die Wüste paßt gut zu dieser Botschaft. Weil hier das Licht so gnadenlos hell scheint und jeden Winkel ausleuchtet. Die Menschen, die Johannes aufsuchen, schreckt das nicht ab – im Gegenteil. Sie wollen endlich einmal reinen Tisch machen. Einmal alles aussprechen und dann befreit sein für ein neues Leben ohne Lüge.

Aber Johannes verkündet nicht nur Buße und Umkehr. Er spricht auch von einer zweiten Taufe für die Menschen: von der Taufe mit dem Heiligen Geist. Für diese Taufe muß Gott selbst in die Welt kommen, in seinem Sohn. Ihn, so berichtet die Bibel, kündigt Johannes an: das Kind in der Krippe, das zu einem erwachsenen Mann werden und ebenfalls predigen wird – Jesus. Mit Jesus kommt ein anderes Licht in die Welt. Kein Dämmerlicht, kein Weichzeichner. Aber ein barmherziges Licht. Eines, in dessen Schein es leichter fällt, die eigenen Fehler einzugestehen, weil der Glaube das Wichtigste wird. Jesus macht das Heil daran fest, ob man an ihn glaubt, und nicht davon, ob man sich selbst moralisch klitzeklein oder riesengroß fühlt. Im Licht des Glaubens dann geschieht es ohnehin, daß der Mensch sich selbst und sein Tun neu bewertet. Aber ohne Angst. Dafür im Vertrauen auf die Liebe Gottes.

Bienenwachskerzen

Zu Johannes dem Täufer passen Bienenwachskerzen gut – weil er sich doch von wildem Honig ernährt hat. Es gibt diese Kerzen fertig gegossen zu kaufen. Spaß macht es aber auch, Wachsplatten und Dochte zu besorgen und die Kerzen selbst zu rollen. Beim Abbrennen verbreiten die Bienenwachskerzen dann einen wunderbaren Honigduft.

Gebet zur zweiten Kerze

Herr und Gott,
heute feiern wir den zweiten Advent.
Wir zünden die zweite Kerze an
und hören dabei die Geschichte von Johannes dem Täufer.
Wir merken:
Auf dich zu warten ist gar nicht so einfach.
Der Täufer predigte die Buße,
und er hatte damit recht.
Aber wenn wir uns dann vornehmen, uns zu ändern,
geht es so oft schief.
Es wäre aber keine Lösung,
sich nicht mehr zu bemühen,
im Vertrauen darauf, daß du uns ja sowieso liebst.
Das wäre eine billige Gnade.
Wir wollen lieber darauf vertrauen,
daß immer noch gilt, was du gesagt hast:
Wer glaubt, dem wird geholfen,
und den verläßt du nicht.
So werden wir mit deiner Hilfe frei.

Amen

Wachet auf, ruft uns die Stimme

1. „Wa-chet auf", ruft uns die Stim - - me   der Wäch-ter
Mit - ter-nacht heißt die-se Stun - - de;   sie ru - fen

sehr hoch auf der Zin-ne, „wach auf, du Stadt Je - ru - sa-lem."
uns mit hel-lem Mun-de: „Wo seid ihr klu-gen Jung-frau-en?

Wohl-auf,   der Bräut-gam kommt;   steht auf,   die

Lam-pen nehmt. Hal - le - lu - ja. Macht euch be - reit

zu der Hoch-zeit,   ihr   müs-set ihm ent-ge-gen-gehn."

2. Zion hört die Wächter singen; / das Herz tut ihr vor Freude springen, / sie wachet und steht eilend auf. / Ihr Freund kommt vom Himmel prächtig, / von Gnaden stark, von Wahrheit mächtig; / ihr Licht wird hell, ihr Stern geht auf. / „Nun komm, du werte Kron, / Herr Jesu, Gottes Sohn. / Hosianna. / Wir folgen all zum Freudensaal / und halten mit das Abendmahl."

3. Gloria sei dir gesungen / mit Menschen- und mit Engelzungen, / mit Harfen und mit Zimbeln schön. / Von zwölf Perlen sind die Tore / an deiner Stadt; wir stehn im Chore / der Engel hoch um deinen Thron. / Kein Aug hat je gespürt, / kein Ohr hat mehr gehört / solche Freude. / Des jauchzen wir und singen dir / das Halleluja für und für.

(Text und Musik: Philipp Nicolai, 1599)

23

Die Krippe am zweiten Advent

Heute schmücken wir die Krippe weiter aus. Wir sehen wieder in der Schöpfungsgeschichte nach: Was kam als nächstes? Die Pflanzen! Also umgeben wir die Krippe mit Grün. Auch hier hat der Bastelladen geeignetes Material vorrätig. Wir können aber auch Zweige sammeln und ihnen mit Moos eine Krone aufsetzen: So entstehen Bäume, die sich schützend über das Dach oder die Höhle neigen. Ein paar niedrigere Sträucher schirmen den Platz ab. Und die eine oder andere Blume sorgt für einen farbigen Klecks.

Aber was ist mit den Tieren und Menschen? Noch immer niemand in Sicht? Wo sind Joseph und Maria auf ihrem Weg nach Bethlehem? Vielleicht tauchen sie jetzt am Horizont auf. Wir können sie im selben Zimmer wie die Krippe aufstellen, aber noch weit weg von ihr. Auf der Fensterbank zum Beispiel. Die beiden nähern sich Bethlehem. Hirten sind keine zu sehen, sie befinden sich wohl gerade in den Häusern und Ställen. Und die drei Weisen, die haben noch viele Kilometer zurückzulegen, bevor sie in Sichtweite kommen.

Lied im Advent

Immer ein Lichtlein mehr
im Kranz, den wir gewunden,
daß er leuchte uns so sehr
durch die dunklen Stunden.

Zwei und drei und dann vier!
Rund um den Kranz welch ein Schimmer,
und so leuchten auch wir,
und so leuchtet das Zimmer.

Und so leuchtet die Welt
langsam der Weihnacht entgegen.
Und der in Händen sie hält,
weiß um den Segen!

(Matthias Claudius)

Ingwerplätzchen mit Honig

Diese Plätzchen werden ausge-
stochen und üppig verziert. Das
macht besonders Kindern Spaß.

Das brauchen wir:
(für ca. 50 Stück)

Für den Teig:
200 g Honig
100 g Roh-Rohrzucker
60 g Mandeln, gemahlen
1 TL Kakao
1 ½ TL Ingwer, gemahlen
1 Msp. Nelkenpulver
3 Eier (Größe M)
1 geh. TL Backpulver
450 g Mehl

Zum Verzieren:
1 Eiweiß (Größe M)
125 g Puderzucker
rote Speisefarbe
bunte Zuckerperlen

So wird's gemacht:
Den Honig unter Umrühren
erwärmen. Masse etwas abkühlen lassen. Zucker, Mandeln,
Kakao, Gewürze und Eier dazugeben und alles gut verrühren.
Mehl und Backpulver mischen,
auf die Masse sieben und mit
den Knethaken der Küchen-
maschine einarbeiten. Teig
rund zwei Stunden kaltstel-
len. Danach den Teig auf einer
bemehlten Arbeitsfläche
ca. 4 mm dick ausrollen. Nach
Belieben Figuren ausstechen.
Backblech mit Backpapier auslegen und die Figuren aufle-
gen. Im vorgeheizten Backofen
bei 180° ca. 15 Minuten
backen. Zum Auskühlen auf ein
Kuchengitter legen.
Das Eiweiß mit einer Gabel
leicht schaumig schlagen. Mit
Puderzucker zu einer dicklichen
Masse rühren. Die Masse teilen, eine Hälfte mit Speisefarbe
rosa einfärben. Rosa und weiße
Eiweißmasse jeweils in kleine
Gefrierbeutel füllen. Eine kleine
Ecke abschneiden. Die Plätzchen
verschiedenfarbig verzieren.
Solange die Glasur noch feucht
ist, Zuckerperlen aufkleben.

Sternenlampe in Silber und Gold

Schlicht, aber hell leuchtend weist diese Lampe den Sternenweg. Die Utensilien sind im Bastelgeschäft erhältlich (Hersteller: siehe Fotohinweis am Schluß des Buches).

Das brauchen wir:

Lampenschirmfolie, transparent, selbstklebend
Strohseide, naturweiß
Drahtgitter (Punktschweißgitter)
beidseitig selbstklebende Folie
30 g Mini-Streukügelchen, silbern
30 g Mini-Streukügelchen, golden
Lichterstrang, weiß, mit 20 Lichtern
Goldband, 5 mm breit
Lochzange

So wird's gemacht:

Lampenschirmfolie auf 33 x 40 cm zweimal zuschneiden und jeweils die Strohseide aufkleben. Die rechte Seide der Strohseide liegt außen, die Lampenschirmfolie gibt der Lampe Stabilität. Aus der beidseitig selbstklebenden Folie Sterne ausschneiden und auf den oberen Rand der Lampe aufkleben, die Lampenschirmfolien danach zuschneiden. Von den Sternen aus Klebefolie nach und nach die Schutzfolie abziehen und in Mini-Streukügelchen eintauchen.

Drahtgitter auf 28 x 39 cm zuschneiden. Lampenfolien mit der Lochzange auf beiden Seiten lochen. Das Metallgitter zwischen die beiden Folien legen und auf einer Seite mit dem Goldband das Gitter und die beiden Folien zusammenbinden. Die Lichterkette durch die Löcher des Metallgitters schlingen und das Kabel dabei nach unten herausführen. Die noch offene andere Seite der Lampe schließen, indem die Folie bis zum Gitter zurückgeschoben wird und ebenfalls durch das Band mit dem Gitter verbunden wird. Auf die fertige Lampe noch einige Sterne aus Klebefolie mit Mini-Streukügelchen aufsetzen.

Tip: Je schmaler das Lampengitter im Vergleich zur Folienbreite ist, desto mehr wölbt sich die Lampe.

Dritter Adventssonntag

Gaudete – Freut euch!

Die Freude auf Weihnachten gibt Energie.
Und Johannes der Täufer sagt uns,
was wir mit ihr anfangen sollen

Ein Geschenk an uns

Der dritte Adventssonntag trägt einen eigenen Namen: „Gaudete – Freut euch!" Das muß man uns nicht zweimal sagen, oder? Wir freuen uns ja auf Weihnachten, das immer näher rückt. Auf den Tannenbaum, auf die Lieder am Heiligen Abend – vielleicht wird sogar Schnee fallen und die Welt verzaubern. Es gibt viel Grund zur Freude.

Wenn unser Adventskranz drei violette und eine rosa Kerze aufweist, dann ist heute der Tag, um die rosa Kerze anzuzünden – denn das ist die Farbe der Vorfreude.

Der Prophet Jesaja, in dessen Worten wir das Kommen Jesu angekündigt finden, hat etwas zu dieser Vorfreude geschrieben, das gut hierher paßt:

Die Wüste und das trockene Land sollen sich freuen,
die Steppe soll jubeln und blühen.
Sie soll prächtig blühen wie eine Lilie,
jubeln soll sie, jubeln und jauchzen.
Die Herrlichkeit des Libanon wird ihr geschenkt,
die Pracht des Karmel und der Ebene Scharon.
Man wird die Herrlichkeit des Herrn sehen,
die Pracht unseres Gottes.
Macht die erschlafften Hände wieder stark
und die wankenden Knie wieder fest!
Sagt den Verzagten:
Habt Mut, fürchtet euch nicht!
Seht, hier ist euer Gott!
Dann werden die Augen der Blinden geöffnet,
auch die Ohren der Tauben sind wieder offen.

Dann springt der Lahme wie ein Hirsch,
die Zunge des Stummen jauchzt auf.
In der Wüste brechen Quellen hervor,
und Bäche fließen in der Steppe.
Die vom Herrn Befreiten kehren zurück und kommen voll Jubel nach Zion.
Ewige Freude ruht auf ihren Häuptern.
Wonne und Freude stellen sich ein,
Kummer und Seufzen entfliehen.

(Jesaja 35)

Wer das liest, weiß, was die Freude bewirkt: daß plötzlich alles bunt und lebendig erscheint. Daß man wieder Mut hat und Augen und Ohren, um das Schöne wahrzunehmen. Daß der Kummer weniger wird und man weiß, wohin man gehört. Ein wahres Weihnachtswunder!

Aber was, wenn sich dieses tolle Gefühl, diese Stimmung nicht einstellen will? Es kann ja sein, daß gerade in der Vorweihnachtszeit irgendwelche Probleme auftauchen, im Beruf, in der Schule oder im Privatleben. Daß Gedanken an Mißerfolg und Streit den Kopf besetzt halten. Und sich dann auch noch freuen?

Aber mit der Freude ist es wie mit dem Glauben. Sie wird uns geschenkt. Wir brauchen sie nicht selbst zu erzeugen, wenn sie sich vor lauter Problemen mal nicht zeigen will. Wir könnten statt dessen einen anderen biblischen Text lesen – diesen hier:

Freut euch im Herrn zu jeder Zeit! Noch einmal sage ich: Freut euch! Eure Güte werde allen Menschen bekannt. Der Herr ist nahe. Sorgt euch um nichts, sondern bringt in jeder Lage betend und flehend eure Bitten mit Dank vor Gott! Und der Friede Gottes, der alles Verstehen übersteigt, wird eure Herzen und eure Gedanken in der Gemeinschaft mit Christus Jesus bewahren.

(Philipper 4,4–7)

Das hat der Apostel Paulus an die Gemeinde in Philippi geschrieben, viele hundert Jahre nach Jesaja. Seine Botschaft hört sich nicht so überschwenglich an. Dies ist ein Freude-Text eher für härtere Zeiten, für die Phasen, in denen die Stimmung nicht auf dem Höhepunkt ist. Paulus verbindet die Aufforderung zur Freude mit dem Hinweis, sich an Gott zu wenden und sich auf ihn zu verlassen. Bitten und flehen sollen wir – wenn das nicht deutlich ist! Und wie entlastend, daß uns Gottes Liebe in jeder Lage gilt. Paulus konnte das schreiben, weil er, wie einst Jesaja, auf das Kommen, auf die Wiederkehr Christi hoffte. Diese Hoffnung, so sagt er, bringt Friede ins Herz.

Leise rieselt der Schnee

1. Lei - se rie-selt der Schnee, still und starr ruht der See,___ weih-nacht-lich glän-zet der Wald:___ Freu - e dich, Christ-kind kommt bald!___

2. In den Herzen wird's warm,
still schweigt Kummer und Harm,
Sorge des Lebens verhallt:
Freue dich, Christkind kommt bald!

3. Bald ist heilige Nacht,
Chor der Engel erwacht,
hört nur, wie lieblich es schallt:
Freue dich, Christkind kommt bald!

(Text und Musik: Eduard Ebel, um 1900)

„Was sollen wir tun?"

Am vorigen Adventssonntag sind wir Johannes dem Täufer begegnet, dem Prediger der Umkehr und der Buße. Heute tritt er erneut auf, wie das Lukasevangelium berichtet:

Da fragten ihn die Leute: Was sollen wir also tun? Er antwortete ihnen: Wer zwei Gewänder hat, der gebe eines davon dem, der keines hat, und wer zu essen hat, der handle ebenso. Es kamen auch Zöllner zu ihm, um sich taufen zu lassen, und fragten: Meister, was sollen wir tun? Er sagte zu ihnen: Verlangt nicht mehr, als festgesetzt ist. Auch Soldaten fragten ihn: Was sollen denn wir tun? Und er sagte zu ihnen: Mißhandelt niemand, erpreßt niemand, begnügt euch mit eurem Sold! Das Volk war voll Erwartung, und alle überlegten im stillen, ob Johannes nicht vielleicht selbst der Messias sei. Doch Johannes gab ihnen allen zur Antwort: Ich taufe euch nur mit Wasser. Es kommt aber einer, der stärker ist als ich, und ich bin es nicht wert, ihm die Schuhe aufzuschnüren. Er wird euch mit dem Heiligen Geist und mit Feuer taufen.

(Lukas 3,10–16)

Neben Jesaja und Paulus ist Johannes der Täufer die dritte biblische Person, die heute zu uns spricht. Er weitet unseren Blick noch einmal. Er lenkt ihn darauf, daß wir nicht nur auf uns selbst achten sollen, sondern auch darauf, wie es anderen Menschen geht. Und zwar unabhängig davon, ob wir selbst nun gerade mit Jesaja vor Freude jubeln und ganz viel Energie haben – dann fällt es ja leicht, die Hinweise des Johannes zu beherzigen. Sie gelten aber auch dann, wenn wir uns ganz still mit Paulus auf das Gottvertrauen besinnen und daraus unsere Kraft schöpfen.

Johannes ist in seinen Hinweisen sehr konkret. Die Hälfte abgeben, andere Menschen ordentlich behandeln, weder erpressen noch sich bestechen lassen – das liest sich ausgesprochen modern. Gut, daß wir auf unserem Weg zur Krippe auch heute diesem Mann wieder begegnen, dem Täufer. Er ist der Stachel in unserem Fleisch. Er zeigt uns, daß an Weihnachten nicht alles Friede, Freude, Eierkuchen ist. Sondern daß eine Menge zu tun bleibt.

Gebet zur dritten Kerze

Jesus Christus,
heute feiern wir den dritten Advent.
Wir zünden die dritte Kerze an
und freuen uns auf das Fest deiner Geburt.
Wir haben Grund zur Freude,
aber nicht immer können wir uns freuen.
Manchmal verstellen uns Probleme den Blick auf die Krippe.
Dann ist es gut zu wissen:
Auch mutlos oder verärgert dürfen wir uns der Krippe nähern
und darauf hoffen, daß dein Licht,
das Licht des Advents,
uns den Frieden ins Herz bringt.
Wir bitten dich: Schenk uns einen wachen Blick,
der über unsere eigenen Angelegenheiten hinausreicht.
Damit wir teilen, was wir besitzen,
damit wir andere mit Respekt behandeln
und niemanden unter Druck setzen.
Es ist uns ja oft genug gesagt worden,
damals wie heute.

Amen

Die Krippe am dritten Advent

Wie gestalten wir heute die Krippe weiter? Ein Blick in die Schöpfungsgeschichte verrät: Nach dem Licht, der Erde und den Pflanzen sind heute die Tiere an der Reihe. Der Ochse steht friedlich im Stall. In den Bäumen zwitschern Vögel. Auf dem Feld stehen ein paar Schafe, sie wärmen sich gegenseitig und käuen wieder. Ein kleiner, buntgescheckter Hund umkreist sie bellend. Zwischen den Häusern von Bethlehem scharren ein paar Hühner, und in einem Hinterhof zerrt eine Ziege an dem Seil, mit dem sie festgebunden ist. Die Hirten verlassen sich ganz auf den Hütehund, sie sind immer noch nicht zu sehen. Nur Joseph und Maria auf ihrem Esel sind Bethlehem unterdessen ein Stück nähergekommen. Und ganz in der Ferne erscheinen jetzt die drei Weisen am Horizont: Sie halten nach dem Stern Ausschau.

Weihnachten mit Window-Color

Wie wär's mit einem süßen Engel, einer stimmungsvollen Kerze oder einem Weihnachtsbaum am Fenster? Diese Malvorlagen können Sie auf einem Fotokopierer nach Belieben vergrößern. Bilder in Window-Color-Technik sind bei jung und alt beliebt. Sie lassen sich problemlos aufdrücken, entfernen – und auch wieder anbringen. Tip: Legen Sie zum Lagern Folie zwischen die einzelnen Bilder. Dann überstehen Ihre Lieblingsmotive zusammen mit dem Baumschmuck das Jahr und schmücken im nächsten Advent erneut die Fenster.

Das brauchen wir:
verschiedene Window-Color-Farben, darunter auch Kristallklar und Konturenfarbe
evtl. Malspitzen verschiedener Stärke (zum Aufschrauben auf die Farbflaschen)
feste Folie, auch Prospekthüllen aus Polypropylen oder Polyethylen, Spezial- oder Windradfolie, kein PVC
Holz- und Wattestäbchen, Zahnstocher
Papiertücher
Glitzerpulver
Streuperlen

So wird's gemacht:
Vorlage unter die Folie legen, Umrisse mit Konturenfarbe auftragen und ca. 8 Stunden trocknen lassen. Dann die Innenflächen bis direkt an die Kontur ausmalen, damit eine geschlossene Farbfläche entsteht.
Alle Farben gut deckend auftragen, auch das ist wichtig. Sonst

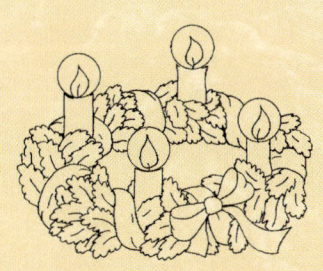

zerreißen die Bilder später beim Ablösen. Damit größere Motive Festigkeit haben, freie Flächen mit Kristallklar füllen. Mit einem Zahnstocher können Sie die Farben während des Ausmalens ineinander rühren und damit effektvolle Übergänge erzielen. Glitzerpulver und Streuperlen bringen Struktur und weihnachtlichen Glanz ins Bild.
Über die Kontur gelaufene Farbe sofort mit Wattestäbchen entfernen, falsche Farbtupfer schnell mit einem Papiertuch abnehmen. Luftblasen mit einer Nadel aufstechen, die Lücke mit Farbe schließen (dafür eignen sich die Holzstäbchen gut). Mißlungene Bildteile können Sie abschneiden.
Halten Sie die Trockenzeiten ein und ziehen Sie die Malerei erst von der Folie, wenn die Farben transparent sind – das ist nach ca. 24 Stunden der Fall. Drücken Sie das Bild mit der Unterseite aufs Glas.

Zum Verschenken

Selbstgemachte Marmelade oder eine schöne Karaffe mit Olivenöl sind Überraschungen, die immer Freude machen. Mit Gold- oder Silberstift verziert, wird daraus ein ganz persönliches Weihnachtsgeschenk – und ein Schmuckstück fürs Küchenregal. Aber lange werden diese leckeren Gaben ohnehin nicht halten …

Fleisch-Fondue mit Brühe

Ein Fondue eignet sich wunderbar, um gemeinsam und in Ruhe einen fröhlichen Sonntagabend zu begehen.

Das brauchen wir:
(für 4 Personen)

500 g Rinderfilet oder
Rinderhüfte (in feine Streifen geschnitten)
300 g Schweinefilet (in feine Streifen geschnitten)
200 g Kalbfleisch aus der Ober- oder Unterschale
(in feine Streifen geschnitten)
1 ½ l Rindfleischbrühe
3 Nelken
2 Lorbeerblätter
1 kl. Zwiebel

So wird's gemacht:
Das Fleisch auf zwei Platten anrichten. Rindfleischbrühe mit den Gewürzen im Fondue-Topf erhitzen. Das Fleisch auf die Fondue-Gabel stecken und unter leichtem Drehen kurz in die leise brodelnde Brühe geben. Dazu verschiedene Soßen reichen. Die Brühe kann am Ende des Fondues in kleinen Tassen serviert werden.

Senf-Dill-Soße

2 EL Öl
1 EL scharfer Senf
1 TL Senfpulver
1 TL Essig
1 TL Zucker
½ Bund Dill

Öl, Senf, Senfpulver, Essig und Zucker verrühren. Dill fein schneiden und unterrühren.

Feurige Tomatensoße

40 g Butter
1 gr. Zwiebel, in feine Würfel geschnitten
1 gr. Dose geschälte Tomaten
2 frische Chilischoten
1 getrocknete Chilischote
Rosenpaprika
Pfeffer
Salz

Butter in der Pfanne schmelzen und die Zwiebeln darin andünsten. Tomaten hinzufügen und ca. 20 Minuten köcheln lassen, öfter umrühren. Chilischoten waschen, Kerne entfernen und in feine Streifen schneiden.
Die getrocknete Chilischote mit einem breiten Messer zerdrücken und hinzugeben. Mit Salz, Pfeffer und Rosenpaprika abschmecken.

Meerrettich-Sahne

1/8 l süße Sahne
2 EL frisch geriebener Meerrettich
Pfeffer aus der Mühle
Salz
Zucker

Die Sahne sehr steif schlagen, Meerrettich vorsichtig unterziehen und mit den Gewürzen abschmecken.

Tomaten-Basilikum-Soße

8 Tomaten
8 EL Öl
Saft von 1 Zitrone
Salz
Pfeffer aus der Mühle
1 Bund Basilikum

Tomaten mit kochendem Wasser überbrühen, Schale abziehen, entkernen. Fruchtfleisch in feine Würfel schneiden und mit Öl und dem Zitronensaft vermischen. Mit Salz und Pfeffer würzen und alles mit dem Pürierstab oder Mixer fein aufschlagen. Basilikumblätter fein schneiden und dazugeben.

Vierter Adventssonntag

Marias Lobgesang

*Die Gottesmutter singt ein überschwengliches Loblied.
Wir finden darin viel über Jesus ausgesagt*

Jeschua und Immanuel –
Was Namen bedeuten

Der vierte Adventssonntag ist Maria gewidmet. Am 8. Dezember haben wir gehört, wie ihr die Geburt Jesu angekündigt wurde und wie sie Gottes Willen annahm. Heute geht ihre Geschichte weiter:

Nach einigen Tagen machte sich Maria auf den Weg und eilte in eine Stadt im Bergland von Judäa. Sie ging in das Haus des Zacharias und begrüßte Elisabeth. Als Elisabeth den Gruß Marias hörte, hüpfte das Kind in ihrem Leib. Da wurde Elisabeth vom Heiligen Geist erfüllt und rief mit lauter Stimme: Gesegnet bist du mehr als alle anderen Frauen, und gesegnet ist die Frucht deines Leibes. Wer bin ich, daß die Mutter meines Herrn zu mir kommt? In dem Augenblick, als ich deinen Gruß hörte, hüpfte das Kind vor Freude in meinem Leib. Selig ist die, die geglaubt hat, daß sich erfüllt, was der Herr ihr sagen ließ.

Was nun folgt, ist einer der schönsten Texte im Neuen Testament: der Lobgesang der Maria. Er wird auch „Magnificat" genannt, nach dem ersten Wort in der lateinischen Übersetzung. Maria sagte:

*„Meine Seele preist die Größe des Herrn,
und mein Geist jubelt über Gott, meinen Retter.
Denn auf die Niedrigkeit seiner Magd hat er geschaut.
Siehe, von nun an preisen mich selig alle Geschlechter.
Denn der Mächtige hat Großes an mir getan,
und sein Name ist heilig …"*

(Lukas 1,39–49)

Zu allen Zeiten haben die Gläubigen dieses Lied geliebt. Viele Komponisten haben Melodien dazu geschaffen, zum Beispiel Johann Sebastian Bach. Die Ursprünge des Liedes reichen zurück bis ins Alte Testament. Es finden sich Spuren von Psalmen darin, aber auch aus der Verkündigung des Propheten Jesaja. Wir wissen ja: Der hat die Geburt des Erlösers angekündigt und ihn „Immanuel" genannt, das heißt „Gott mit uns" (Jesaja 7,14).

Mit ihrem Lied knüpft Maria auch an die Worte von Lea an, der ersten Frau des Erzvaters Jakob. Als nämlich Lea zwei Söhne bekommt, sagt sie beim ersten: „Der Herr hat mein Elend gesehen" (Genesis 29,32), und beim zweiten: „Die Frauen werden mich beglückwünschen" (Genesis 30,13). Maria greift diese Worte Leas auf: „Auf die Niedrigkeit seiner Magd hat er geschaut. Siehe, von nun an preisen mich selig alle Geschlechter". Und sie nennt bereits den Namen ihres Kindes: „Gott, mein Retter", sagt sie. Auf hebräisch klingt darin der Name Jesu an: „Jeschua – Gott schafft Heil".

Warum ist es so wichtig, daß Maria diese andere Frau zitiert, Lea? Weil damit betont wird, daß Jesus im jüdischen Volk geboren wird. In dem Volk also, das Gott sich auserwählt und dessen Geschichte er gelenkt hat. Das darf nicht vergessen werden. Die Bibel zählt an anderer Stelle einen ganzen Stammbaum auf, damit klar ist: Jesus gehört zum Volk Israel. Elisabeth, die Maria bei sich zu Gast hat, weiß das. Sie spricht Maria selig.

Und dann auf der anderen Seite diese Betonung des Elends, der Niedrigkeit! Wenn Maria von Niedrigkeit spricht, dann kokettiert sie nicht etwa mit der Armut, um auf diese Weise das Wunder noch ein bißchen größer zu machen. Nein, die Niedrigkeit ist bewußt gewählt. Sie ist Zeichen dessen, daß Gott wirklich ganz und gar Mensch werden will und nicht nur ein bißchen, nicht nur de luxe sozusagen. Sondern wenn, dann mit aller Härte und allen Konsequenzen. So zeigt es ja zuletzt das Kreuz. Und so sagt es auch der Name, den wir bei Jesaja finden: „Immanuel – Gott mit uns".

Es kommt ein Schiff geladen

1. Es kommt ein Schiff, ge-la- -den bis an sein' höch-sten Bord, trägt Got-tes Sohn voll Gna- -den, des Va-ters e-wigs Wort.

2. Das Schiff geht still im Triebe, / es trägt ein teure Last; /
das Segel ist die Liebe, / der Heilig Geist der Mast.

3. Der Anker haft' auf Erden, / das ist das Schiff am Land. /
Das Wort will Fleisch uns werden, / der Sohn ist uns gesandt.

4. Zu Bethlehem geboren / im Stall ein Kindelein, /
gibt sich für uns verloren: / Gelobet muß es sein.

5. Und wer dies Kind mit Freuden / umfangen, küssen will, /
muß vorher mit ihm leiden / groß Pein und Marter viel,

6. danach mit ihm auch sterben / und geistlich auferstehn, /
das ewig Leben erben, / wie an ihm ist geschehen.

7. Maria, Gottes Mutter, / gelobet mußt du sein. /
Jesus ist unser Bruder, / das liebe Kindelein.

(Text: Elsaß, 15. Jh., bearb. v. Daniel Sudermann um 1626;
Musik: Andernacher Gesangbuch, Köln 1608)

Gebet zur vierten Kerze

Lieber Gott,
heute feiern wir den vierten Advent.
Wir zünden die vierte Kerze an und hören von Maria.
Der Kreis schließt sich.
Eine Urenkelin der Erzväter bringt deinen Sohn zur Welt:
Das Heil spielt sich nicht außerhalb von Zeit und Geschichte ab.
Und auch nicht in irgendwelchen unwirklichen Sphären:
Eine einfache Frau aus dem Volk hast du erwählt,
und mit ihr uns alle.
Dafür danken wir dir.
Daran wollen wir immer denken,
nicht nur heute, an diesem besonderen Tag.

Amen

Die Krippe am vierten Advent

Maria auf ihrem Esel und Joseph sind endlich in Bethlehem eingetroffen. Sie klopfen an verschiedene Türen und fragen, ob es einen Platz für sie gibt. Doch überall weist man sie ab – so ziehen sie vor die kleine Stadt und suchen sich einen Unterschlupf. Als sie endlich einen Stall gefunden haben, gleitet Maria schwerfällig vom Rücken des Esels herunter. Sie legt sich erst einmal ins Stroh, um sich auszuruhen. Joseph sucht Brennholz. Und wundert sich dabei über den Ochsen, der hier ganz friedlich im Stall steht. Merkwürdig auch, daß der Esel vor dem fremden, massigen Tier gar nicht scheut. Im Gegenteil – die beiden scheinen sich zu verstehen. In einiger Entfernung zählen Hirten ihre Schafe und treiben sie ein Stückchen weiter in die Ebene. Die Männer haben sich Essen mitgebracht – sie werden die nächsten Tage und Nächte alle gemeinsam auf freiem Feld verbringen, so ist es geplant. So halten sie es stets um diese Jahreszeit. In der Ferne aber ziehen die drei Weisen ihres Wegs. Sie wollen nach Jerusalem, um sich dort erst einmal zu erkundigen, was es mit der Botschaft des Sternes auf sich hat, dessen Licht sie nicht mehr schlafen läßt.

Der Stern unterdes steht ganz ruhig am Himmel, direkt über der Krippe. Und die ist noch leer. Ein paar Tage noch …

Der Stern

Hätt' einer auch fast mehr Verstand
Als wie die drei Weisen aus Morgenland
Und ließe sich dünken, er wär wohl nie
Dem Sternlein nachgereist wie sie;
Dennoch, wenn nun das Weihnachtsfest
Seine Lichtlein wonniglich scheinen läßt,
Fällt auch auf sein verständig Gesicht,
Er mag es merken oder nicht,
Ein freundlicher Strahl
Des Wundersternes von dazumal.

(Wilhelm Busch)

Ein besonderes Geschenk

Eine selbstverzierte Kassette ist genau der richtige Behälter, um Schmuck oder andere persönliche Schätze darin aufzubewahren. Das Zubehör gibt es im Bastelladen zu kaufen (Hersteller: siehe Fotohinweis am Schluß des Buches).

Das brauchen wir:
Holztruhe mit Verschluß,
ca. 260 x 170 x 120 mm groß
Hochglanzlack für Holz in
verschiedenen Farben: orange,
feuerrot, purpurrot
Glamour-Liner in gold und braun
Hologramm-Straß
Rocailles (Glasperlen,
ca. 2,5 mm oder 5 mm groß)
in verschiedenen Farben
Pailletten und Stiftperlen
(längliche Perlen), verschiedenfarbig
Bastelkleber

So wird's gemacht:
Zeichnen Sie die Zierflächen zuerst blaß mit Bleistift auf. Mit dem Maßband können Sie sie noch genauer plazieren. Überlegen Sie sich die Verzierung mit den Schmuckelementen. Malen Sie dann die Flächen verschiedenfarbig aus. Kleinere Schmuckelemente können Sie auf den noch feuchten Lack aufdrücken, größere halten mit Bastelkleber.

Gebackene Schneemänner

Mit diesem Gebäck locken Sie bestimmt den Schnee herbei – und dann gibt es doch noch weiße Weihnachten!

Das brauchen wir:
(für ca. 30 Stück)

Für den Teig:
200 g Margarine
200 g Weizenmehl (Type 405)
100 g blütenzarte Haferflocken
100 g Zucker
1 Vanillezucker
abgeriebene Schale von
1 unbehandelten Zitrone
1 Ei (Größe M)
Mehl zum Ausrollen
Für die Dekoration:
2–3 EL Korinthen
2 EL Pinienkerne
250 g Puderzucker
1–2 EL Wasser
Speisefarbe

So wird's gemacht:
Zutaten für den Teig verkneten, zu einer Kugel formen und zugedeckt eine Stunde lang kühl stellen. Teig auf einer bemehlten Arbeitsfläche ausrollen. Backofen vorheizen. Aus dem Teig Kreise von 7 cm Durchmesser für den Körper und 4 cm Durchmesser für den Kopf ausstechen. Jeweils einen kleinen Kreis leicht überlappend auf einen großen Kreis setzen, etwas andrücken. Den Schneemännern auf den „Bauch" Korinthen setzen und in den oberen Kreis einen Pinienkern als Nase drücken. Kekse auf ein mit Backpapier ausgeschlagenes Backblech legen und im Ofen bei 180 ° auf mittlerer Einschubleiste 10–12 Minuten backen, anschließend auskühlen lassen. Hälfte des Puderzuckers mit Wasser verrühren und mit Speisefarbe einfärben. Schneemänner mit restlichem Puderzucker bestäuben und mit farbigem Zuckerguß verzieren.

Der Jünger

Er gehörte zu den ersten, die Jesus nachfolgten.
Und später brachte er die frohe Botschaft
in weit entfernte Länder: der Fischer Andreas

Ein tapferer Mann

D as Johannesevangelium erzählt: Es waren einmal zwei Brüder. Sie lebten als Fischer in Kapernaum, einem Ort am nördlichen Ufer des Sees Genezareth. Andreas und Simon hießen sie. Die Geschäfte gingen gut. Aber dann trat Johannes der Täufer auf. Er predigte, daß die Menschen umkehren sollten, und taufte die Gläubigen im Jordan. Andreas und Simon schlossen sich ihm an. Sie wollten umkehren und zu Gott finden. Ein Glück, daß sie Johannes folgten – denn auf diese Weise begegneten sie Jesus. Der ging eines Tages an Johannes dem Täufer und dessen Jüngern vorüber. „Seht, das Lamm Gottes", sagte Johannes und zeigte auf Jesus. Andreas stand daneben und hörte die Worte des Täufers. Da wußte er: Er konnte nicht bei Johannes bleiben. Er mußte diesem Unbekannten folgen, von dem der Täufer sagte, er sei das Lamm Gottes. Gemeinsam mit einem anderen Jünger des Johannes heftete er sich an Jesu Spuren. Sie gingen ihm ganz einfach nach.

Jesus merkte schnell, daß die beiden Männer ihm folgten. Er wandte sich um. „Was wollt ihr?", fragte er. „Wo wohnst du, o Meister?", antwortete Andreas mit einer Gegenfrage. „Kommt und seht", sagte Jesus, und die beiden begleiteten ihn bis zu seiner Herberge. Andreas fühlte sich sofort wohl in der Gesellschaft Jesu – so, als sei er am Ende einer langen Reise endlich zu Hause angelangt. Doch er hatte keine Ruhe, bis er nicht seinen Bruder dazugeholt hatte. Er suchte den Simon, packte ihn am Arm und zog ihn energisch mit sich. „Wir haben den Messias gefunden", sagte er unterwegs immer wieder.

So kamen schließlich beide Brüder zu Jesus. Der schaute zuerst auf Simon. Und was dann geschah, das wissen wir: Jesus gab Simon den Ehrennamen Petrus, das heißt übersetzt: „Fels". Andreas bekam keinen neuen Namen. Doch sein eigener Name hat bereits eine sehr schöne Bedeutung: „mannhaft, tapfer" heißt er übersetzt. Wir können uns den Andreas also ruhig sehr stark und kräftig vorstellen. Gut, daß so ein starker Mann zu den Jüngern gehörte. Andreas erlebte es später auch mit, daß 5000 Menschen von fünf Broten und zwei Fischen satt wurden.

Noch später, nach Jesu Tod und Auferstehung, war Andreas einer der Apostel, die am weitesten in die Welt wanderten. Bis in die Türkei, nach Griechenland, ins heutige Bulgarien und nach Polen soll er gezogen sein, um die frohe Botschaft zu verkünden. Viele Wundergeschichten erzählen von seinen Taten. Die Russen und Griechen, die Spanier und die Schotten verehren ihn als ihren Schutzheiligen, und für die orthodoxe Kirche ist er fast ebenso wichtig wie sein Bruder Petrus für die katholische Kirche.

So hat sich bewahrheitet, was Jesus nach der Tradition des Matthäus-evangeliums zu den beiden Brüdern am See Genezareth gesagt hat: daß er sie zu Menschenfischern machen würde. Die Künstler haben sich zu allen Zeiten daran erinnert. Sie haben Andreas, den Schutzheiligen der Fischer, als einen solchen dargestellt: barfuß und bärtig, mit einem Fisch in der Hand. Aber die Bilder zeigen ihn auch mit einem x-förmigen Kreuz und einem Strick – als Hinweis auf seinen Tod. Gestorben ist Andreas vermutlich im Jahr 60, als der römische Kaiser Nero die Christen verfolgen ließ. In der griechischen Stadt Patras hat man ihn, wohl am 30. November, an ein Kreuz gebunden, dessen Balken wie bei einem X schräg angeordnet waren. Die Legende sagt, daß er von diesem Kreuz aus bis zu seinem letzten Atemzug gepredigt hat. Seither heißt das schräge Kreuz Andreas-Kreuz, zur Erinnerung an diesen tapferen Mann, der einer der ersten Jünger Jesu und sein treuer Apostel gewesen ist. An allen Bahnübergängen steht es heute und warnt uns vor Gefahr.

Gebet

Guter Gott,
du hast einst den Andreas zu dir gerufen,
hast ihn zu deinem Jünger und Apostel gemacht,
zu einem Menschenfischer, der andere zu dir geführt hat.
Du hast ihm Stärke und Tapferkeit gegeben.
Bis zum Schluß hat er zu dir gehalten
und sich nicht beirren lassen.
Wir bitten dich: Schenk auch uns Mut und Ausdauer
und einen Glauben, der sich nicht beirren läßt.

Amen

Eine ganz besondere Nacht

Die Andreasnacht gehört zu den Nächten im Spätherbst und Winter, von denen die Menschen einst glaubten, daß sich in ihnen die Zukunft zeige. Sie bezeichneten solche Nächte als „Losnacht", von „losen – vorhersagen", und befragten allerlei Orakel.

Man stellte beispielsweise sieben bis neun verschiedene Zweige ins Wasser. Jeder Zweig war mit einem bunten Band gekennzeichnet und stand für einen heimlichen Wunsch. Die Wünsche, deren Zweige an Weihnachten blühten, sollten in Erfüllung gehen.

Besonders die jungen Mägde, die gern heiraten und damit ihre gesellschaftliche Stellung verbessern wollten, hofften auf die Andreasnacht, um zu erfahren, wer denn der Zukünftige wäre. Dabei spielten Äpfel eine wichtige Rolle: Die Mägde im Hessen beispielsweise ließen sich von einer Witwe einen Apfel schenken, schweigend und ohne sich zu bedanken. Die erste Hälfte aßen sie vor Mitternacht, die zweite danach, oder sie legten sie unter das Kopfkissen. Auf diese Weise, so hofften sie, würden sie in der Nacht träumen, wer ihr Bräutigam werden würde.

Auch eine andere Form des Apfelorakels war beliebt: Die jungen Mädchen schälten einen Apfel rundum so, daß die Schale als langes Band übrigblieb. Das warfen sie hinter sich. Daraus, wie die Schale fiel, lasen sie dann den Anfangsbuchstaben ihres Bräutigams heraus.

Oder sie schlichen zum nächstgelegenen Hühnerstall und lauschten. Gackerte drinnen ein verschlafenes Huhn vor sich hin, dann würden sie ledig bleiben. Krähte hingegen der stolze Hahn, dann konnten hoffentlich bald die Hochzeitsglocken läuten.

Und einen anderen Brauch gab es: Da stiegen die Mädchen rückwärts mit dem linken Fuß zuerst ins Bett und sagten dabei folgenden Spruch auf:

„Heiliger Andreas, ich bitt' dich,
Bettstatt, ich tritt' dich,
laß mir erschein'
den Herzallerliebsten mein."

Ob diese Bräuche geholfen haben, wissen wir allerdings nicht …

Weihnachtliche Waffeln mit Bratapfelsoße

Das brauchen wir:
(für 6 Stück)

Für die Waffeln:
175 g Butter (weich)
75 g Zartbitterschokolade
100 g Honig
35 g Krümel-Kandis
1 Vanillezucker
½ TL Zimt
3 gestr. TL Spekulatiusgewürz
3 Eier (Größe M)
120 g Weizenmehl (Type 405)
60 g Instant-Getreideflocken
40 g Speisestärke
½ TL Backpulver

Für die Soße:
1 Apfel
200 ml Apfelsaft
2½ EL Zucker
4 EL Instant-Getreideflocken
1 TL Zitronensaft
1 Zimtstange
1 Vanilleschote
2 EL Mandelstifte
2 EL Rosinen

So wird's gemacht:
Butter mit aufgelöster Schokolade geschmeidig rühren. Nach und nach Honig, Kandis, Vanillezucker und Gewürze zufügen. So lange schlagen, bis eine gebundene Masse entstanden ist. Eier gut unterrühren. Mehl mit Instant-Flocken, Speisestärke sowie Backpulver mischen und dazugeben. Aus dem Teig im erhitzten Waffeleisen Waffeln backen und auf einem Kuchengitter erkalten lassen.
Apfel waschen und vierteln, das Kerngehäuse entfernen und in kleine Würfel und Spalten schneiden. Apfelsaft mit Zucker, Instant-Flocken, Zitronensaft, Zimtstange sowie Vanilleschote aufkochen und auf ein Drittel reduzieren lassen. Apfelstücke, Mandelstifte sowie Rosinen dazugeben, den Topf von der Flamme nehmen und ca. 10 Minuten ziehen lassen. Zusammen mit den Waffeln servieren.

Der Bratapfel

Kinder, kommt und ratet,
was im Ofen bratet!
Hört, wie's knallt und zischt.
Bald wird er aufgetischt,
der Zipfel, der Zapfel,
der Kipfel, der Kapfel,
der gelbrote Apfel.

Kinder, lauft schneller,
holt einen Teller,
holt eine Gabel!
Sperrt auf den Schnabel
für den Zipfel, den Zapfel,
den Kipfel, den Kapfel,
den goldbraunen Apfel!

Sie pusten und prusten,
sie gucken und schlucken,
sie schnalzen und schmecken,
sie lecken und schlecken
den Zipfel, den Zapfel,
den Kipfel, den Kapfel,
den knusprigen Apfel.

(Volksgut aus Bayern)

Allerlei Unheimliches

Die Andreasnacht hat auch ihre unheimlichen Seiten. Es war die letzte Nacht, in der in den Spinnstuben gearbeitet werden durfte. In Böhmen hieß das Garn, das die Mägde am Andreastag gesponnen hatten, „Andreasgarn", und die Mägde durften es selbst behalten, anstatt es der Bäuerin zu geben.

In Süddeutschland und Österreich begannen in der Andreasnacht die „Klöpfel-" oder auch „Anklopfnächte". Mit Knarren und Glocken, Hammer und Besen ging es hinaus, um durch möglichst viel Lärm die bösen Mächte zu verscheuchen, die jetzt nach dem Volksglauben ihr Unwesen trieben. Vor allem die letzten drei Donnerstagnächte im Advent waren für diesen Brauch bestimmt. Obgleich das „Klöpfeln" an sich schon viel Spaß machte, mußte es natürlich auch belohnt werden: Wenn die Glücksbringer erfolgreich alle Geister in die Flucht geschlagen hatten, bekamen sie zum Dank an der Haustür kleine Geschenke überreicht.

Diese Tradition vermischte sich mancherorts mit der Erinnerung an den starken, bärtigen Andreas. Die Schriftstellerin Elisabeth Langgässer erzählt in ihrer Kurzgeschichte „Das Wirtshaus am Dorfende" von den „Andreseln" – der Name bedeutet nichts anderes als „Andreas". Mit einem Bart aus Roßhaar und umgehängten Kuhketten geht solch ein verkleideter Andresel von Tür zu Tür. Bei den Reichen bettelt er, die Armen beschenkt er, die guten Mädchen belohnt und die untreuen bestraft er. Wie bei Knecht Ruprecht am Nikolaustag und bei den Perchtenläufen im Januar steckte hinter diesem Brauch das heimliche Schaudern vor dem Unheimlichen, vor den bösen Geistern aus heidnischer Zeit, die man abzuwehren suchte, indem man sich selbst so unheimlich verkleidete und Schicksal spielte.

Eine ganz andere Wettervorhersage

Als „Lostag", der den Blick in die Zukunft erlaubt, war der Andreastag für die Bauern wichtig. Sie beobachteten genau das Wetter an diesem Tag – verriet es ihnen doch, wie sich der Winter entwickeln würde. Davon zeugen viele Sprüche, die sich bis heute erhalten haben:

*St. Andreas Schnee
tut dem Korne weh.*

*St. Andreas macht das Eis.
St. Georg (23.4.) bricht das Eis.*

*Schau in der Andreasnacht,
was für Gesicht das Wetter macht:
So wie es ausschaut, glaub's fürwahr,
bringt's gutes oder schlechtes Jahr.*

*Andreas hell und klar
bringt ein gutes Jahr.*

Schneeflöckchen, Weißröckchen

1. Schnee-flöck-chen, Weiß-röck-chen, da_ kommst du ge -

schneit, du kommst aus den Wol-ken, dein Weg ist so weit.

2. Komm, setz dich ans Fenster,
du lieblicher Stern;
malst Blumen und Blätter,
wir haben dich gern.

3. Schneeflöckchen, du deckst uns
die Blümelein zu,
dann schlafen sie sicher
in himmlischer Ruh'.

4. Schneeflöckchen, Weißröckchen,
komm zu uns ins Tal,
dann baun wir den Schneemann
und werfen den Ball.

(Musik und Text: volkstümlich)

1. Dezember

Tag für Tag rückt Weihnachten jetzt ein Stückchen näher.
Und manchmal fällt uns das Warten gar nicht leicht

24 Überraschungen

Heute ist ein besonderer Tag. Heute beginnt die Zeit des Adventskalenders. 24mal werden wir jetzt ein Türchen oder ein kleines Päckchen öffnen, an jedem Tag eines. 24 Überraschungen verkürzen uns die Wartezeit bis zum Heiligen Abend.

Kennt ihr das auch, diese Versuchung? Zu gern wüßte man schon, was sich hinter dem morgigen Türchen verbirgt. Da probiert man dann ein bißchen an einer Ecke – vielleicht geht das Türchen ja wie von selbst auf … Oder man prüft die Form des Päckchens, das an der roten oder goldenen Schnur hängt, um seinen Inhalt zu erraten. Oh, diese schrecklich schöne Freude des Wartens!

Das Warten ist den Kindern zu allen Zeiten schwergefallen. Und nicht nur den Kindern. Auch Erwachsene haben damit manchmal ihre Probleme – sie geben es nur nicht so gern zu.

Die Bibel erzählt viele Geschichten vom Warten. Das Volk Israel hat nämlich ganz sehnsüchtig gewartet: auf den Messias. Auf den, der das Heil bringen und das Volk glücklich machen würde. Damals gab es keine Kalender mit Türchen – es hätte auch ein ziemlich großer Kalender sein müssen, für Hunderte von Jahren.

Statt dessen sind immer wieder fromme Männer aufgetreten: die Propheten. Die haben dem Volk Israel gesagt, was Gott mit ihm vorhat. So sprach zum Beispiel der Prophet Jesaja: „Seht, Gott der Herr kommt mit Macht. Wie ein Hirt führt er seine Herde zur Weide, er sammelt sie mit starker Hand. Die Lämmer trägt er auf dem Arm, die Mutterschafe führt er behutsam." Die Menschen hörten seine Worte, und danach fiel ihnen das Warten dann wieder etwas leichter.

Wir heute warten auf Weihnachten, auf das Fest der Geburt Jesu. Darauf bereiten wir uns vor. An Weihnachten ist Gott in die Welt gekommen – „Advent" heißt ja „Ankunft". Jedes Jahr wieder freuen wir uns auf das Fest der Ankunft. Für diese Vorfreude ist der Adventskalender da: Er zeigt uns ganz genau, wie das Fest Tag für Tag näherrückt.

Und was hast du heute morgen hinter deinem ersten Adventskalender-Türchen gefunden? Erzähl doch mal!

Bilder, Türchen, Kreidestriche

Seinen Ursprung hat der Adventskalender wohl im 19. Jahrhundert und da zuerst im evangelischen Raum. Aber es war kein Kalender, wie wir ihn heute kennen. Vielmehr hängten fromme Familien in der Adventszeit religiöse Bilder auf – jeden Tag eines mehr. In manchen Familien wurden Kreidestriche an die Wand gemalt. Täglich durften die Kinder einen Strich wegwischen, und so rückte der Heilige Abend näher. Andernorts wiederum legten die Kinder für jede gute Tat, für jedes Gebet einen Strohhalm in die Krippe, damit das Christkind am 24. Dezember ein weiches Bett hatte. Oder die Familie besaß eine Kalenderkerze, die an jedem der 24 Tage ein Stückchen weiter abbrannte, bis zur nächsten Markierung. Und im Alpenraum gab es ein Kerbholz – das Klausenholz: Da hinein ritzten die Kinder täglich eine Kerbe für ihre Gebete und guten Taten.

Einer der ersten gedruckten Adventskalender erschien im Jahr 1904 in der Münchner Lithographischen Kunstanstalt. Deren Mitbegründer Gerhard Lang war ein Pfarrerssohn aus dem schwäbischen Maulbronn. Mit dem Adventskalender machte er ein Stück seiner eigenen Kindheit wieder lebendig. Als er nämlich klein war, fragte er seine Mutter in der Adventszeit beinahe jeden Tag, wann den Weihnachten sei. Die Mutter bastelte daraufhin 24 numerierte Schächtelchen und legte in jedes ein Biskuit-Gebäck namens „Wibele". So versüßte sie ihrem Jungen die Wartezeit.

Gerhard Langs gedruckter Adventskalender enthielt allerdings nichts zum Essen. Er bestand aus zwei gleich großen Pappbögen. Auf dem einen standen 24 besinnliche Sprüche, und der andere zeigte die dazugehörigen Bilder. Die konnten Tag für Tag ausgeschnitten und auf die Sprüche geklebt werden.

Die ersten Kalender mit Türchen zum Öffnen erschienen noch später: um 1920. Und weitere 40 Jahre sollte es noch dauern, bis hinter den Türchen Schokolade versteckt war.

Verse zum Advent

Noch ist Herbst nicht ganz entflohn,
Aber als Knecht Ruprecht schon
Kommt der Winter hergeschritten,
Und alsbald aus Schnees Mitten
Klingt des Schlittenglöckleins Ton.

Und was jüngst noch, fern und nah,
Bunt auf uns herniedersah,
Weiß sind Türme, Dächer, Zweige,
Und das Jahr geht auf die Neige,
Und das schönste Fest ist da.

Tag, du, der Geburt des Herrn,
Heute bist du uns noch fern,
Aber Tannen, Engel, Fahnen
Lassen uns den Tag schon ahnen,
Und wir sehen schon den Stern.

(Theodor Fontane)

Kalender-Ideen

Es muß nicht immer ein gekaufter sein. Ein selbstgebastelter Adventskalender kann viel mehr Freude machen.

Klassisch

Bekleben Sie die äußere Hülle von Streichholzschachteln bunt, mit einem goldenen Stern in der Mitte, auf den Sie jeweils die Zahl des Tages malen. Mit der Unterseite auf jutebezogenen oder bunten Karton kleben und mit Überraschungen füllen. Die Schachteln aufzuschieben macht viel Spaß. Nachteil: Bei dieser Variante bleiben heimliche, vorzeitige Öffnungsversuche unentdeckt.

53

Aufgehängt

Knüpfen Sie verschieden große Päckchen mit Überraschungen an eine Schnur und hängen Sie das Ganze im Wohnzimmer auf. Jeden Tag darf ein Päckchen abgeschnitten werden. Auch Wäscheklammern eignen sich, um die Päckchen zu befestigen. Statt einer Schnur können Sie ebenso einen Kleiderbügel nehmen, den Sie vorher noch mit Tannenzweigen umstecken. Die Alternative: ein weihnachtliches Motiv, das Sie auf einen Karton aufziehen. Am unteren Rand des Bildes befestigen Sie dann die 24 Überraschungen.

Adventsuhr

Schneiden Sie aus Karton eine Scheibe aus und befestigen Sie einen großen, verschnörkelten Pappzeiger darauf. Unterteilen Sie die Scheibe in 24 „Tortenstücke", die mit weihnachtlichen Motiven ausgemalt werden. Jeden Tag rückt dann der Zeiger ein Stückchen weiter, und um „24 Uhr" ist Weihnachten.

Serviettentechnik

Servietten mit Engelmotiven bieten sich geradezu an, um einen richtig schönen Adventskalender zu basten. Die Geschenke werden, ebenfalls in Servietten verpackt, daran gehängt. Und wer sagt, daß so ein Kalender viereckig sein muß? Schneiden Sie ihn doch einfach in Wolken-, Tannenbaum- oder Engelform aus.

... und die Füllung

Kinder freuen sich natürlich über Süßigkeiten. Aber auch über Legosteine, Luftballons, witzige Radiergummis, Seifen in Tier- oder Herzform, Scoubidou-Schnüre, Haarspangen, bunte Steine, Flummis und ähnliche Kleinigkeiten. Sie können auch Gutscheine für einen Weihnachtsmarktbesuch oder einen Videonachmittag hineinlegen.

Und mit dieser Füllung kann man Erwachsene begeistern: kleine Teeportionen in verschiedensten Geschmacksrichtungen, Pralinen, Badetabletten, eine Kinokarte oder ein besonders schöner Spruch.

Gebackener Adventskalender

Das brauchen wir:

Für den Teig:
80 g getr. Pflaumen
80 g getr. Apfelringe
4 Eier (Größe M)
250 g Butter
130 g brauner Zucker
1 TL Zimtpulver
1 Prise Nelkenpfeffer
geriebene Muskatnuß
gemahlener Kardamom
150 g Weizenmehl (Type 550)
100 g blütenzarte Haferflocken
1 TL Backpulver
100 g gemahlene Mandeln
50 g gehackte Mandeln

Zum Verzieren:
200 g Vollmilch-Kuvertüre
100 g Zartbitter-Kuvertüre
verschiedene Trockenfrüchte
Nüsse
Mandeln

So wird's gemacht:
Pflaumen- und Apfelringe kleinschneiden. Eier mit Butter, Zucker
und den Lebkuchengewürzen
schaumig rühren. Mehl mit
blütenzarten Haferflocken,
Backpulver, gemahlenen und
gehackten Mandeln mischen und
zusammen mit dem Trockenobst
unterrühren. Backblech mit
Backpapier auslegen, den Teig
ca. 1 cm dick ausstreichen und
im vorgeheizten Ofen bei 180 °
auf mittlerer Einschubleiste ca. 25
Minuten backen. Abkühlen lassen
und auf die Maße 36 x 28 cm
zurechtschneiden.
Die Vollmilch-Kuvertüre im
Wasserbad schmelzen und auf
die abgekühlte Teigplatte strei-
chen. Danach in 20 gleich große
Stücke schneiden (ca. 7 x 6 cm).
Jeweils an den Rändern mit
Trockenfrüchten und Nüssen
belegen. Die unteren vier Stücke
diagonal durchschneiden und als
Dach auf das verbleibende Qua-
drat setzen. Abschließend dunkle
Kuvertüre schmelzen, in einen
Spritzbeutel füllen und die Kalen-
dertage auf die Kuchenstücke
schreiben.

Barbara

Die Kluge

Sie war voller Ideen und ließ sich nicht bange machen.
Ihr Vertrauen in Gott war stärker als jede Angst

Die Geschichte
von den drei Fenstern

Barbara soll im 3. Jahrhundert in Nikomedien gelebt haben, in der heutigen nordwestlichen Türkei. Wir müssen sie uns hübsch vorstellen, sehr hübsch. Und klug außerdem. Sie wird ihren eigenen Kopf gehabt haben. Sie sah zum Beispiel nicht ein, warum sie die heidnischen Götter der Griechen verehren sollte, die ja doch höchst menschliche Eigenschaften hatten. Die miteinander stritten, einander liebten und betrogen – die also all das taten, was man, neben vielem Guten, von Menschen leider auch kennt. Das sollte göttlich sein? Nein!

Barbara war auf der Suche nach dem einen, dem unsterblichen Gott. Einer Legende zufolge schrieb sie deshalb an den großen christlichen Gelehrten Origenes im fernen Alexandria. Der schickte ihr den Priester Valentinus. Barbara war gewitzt: Sie stellte ihn ihrem Vater als Arzt vor, damit er ins Haus durfte. So konnte Valentinus sie im christlichen Glauben unterrichten und taufen. Das war damals sehr gefährlich, weil das Christentum verboten war.

Nach einer anderen Legende schloß Barbaras Vater seine Tochter in einem Turm ein, weil er sehr eifersüchtig auf die jungen Männer war, die sie heiraten wollten. Während nun aber der Vater verreist war, empfing seine Tochter die Taufe – direkt von Johannes dem Täufer, der ihr erschienen sein soll.

Nach einer dritten Überlieferung ließ Barbara vor ihrer Taufe in ihrem Turm ein drittes Fenster anbringen. So wollte sie die Dreieinigkeit Gottes darstellen: Vater, Sohn und Heiliger Geist. Sie soll sogar mit der Hand ein Kreuz in den noch feuchten Putz gedrückt haben.

Der Vater, von der Reise heimgekehrt, erfuhr von ihrer Taufe. Wutentbrannt lieferte er seine Tochter dem römischen Statthalter aus, der sie zum Tod durch das Schwert verurteilte. Die Legende erzählt, daß Barbaras Vater das Urteil selbst vollstreckte, woraufhin ihn ein Blitzschlag traf und auf der Stelle umbrachte. Kurz vor ihrem Tod soll Barbara aber

die Zusage empfangen haben, daß niemand, der sie anruft, unversöhnt mit Gott sterben wird. In den folgenden Jahrhunderten wandten sich die Menschen deshalb fast täglich an die Heilige, um von ihr Beistand für die eigene Sterbestunde zu erflehen. So ist sie eine der 14 Nothelfer und Nothelferinnen geworden.

Weil aber ihr Tod mit einem Blitz bestraft worden ist, gilt Barbara als Schutzpatronin für alle Berufe, die gefährlich sind oder mit Feuer zu tun haben: Feuerwehrleute, Waffenschmiede, Soldaten, Elektriker. Und die Bergleute verehren sie. Denn als sie von ihrem Vater bedroht wurde, soll sich die Erde aufgetan haben, um ihr Schutz zu bieten. Immer am 4. Dezember bekommen die Knappen das Barbara-Licht. Sie bringen es unter Tage und lassen es dort brennen, als Schutz vor Gefahren.

Aber auch die Zimmerleute und Architekten rufen die Heilige an – schließlich erzählen die Barbara-Geschichten viel vom Bauen. In der Kunst wird sie oft mit Hostie, Kelch oder Schwert abgebildet. Und mit einem dreifenstrigen Turm – zur Erinnerung an die Klugheit und den Ideenreichtum dieser jungen Frau, die mit drei Fenstern ihren Glauben an den dreieinigen Gott bezeugt hat.

Gebet

Lieber Gott,
wir hören die Geschichte von Barbara,
von einer klugen und furchtlosen jungen Frau.
Sie hatte viele gute Ideen,
und sie hatte keine Angst,
als sie wegen ihres Glaubens angegriffen wurde.
Für uns ist sie ein Vorbild darin, furchtlos zu sein.
Wie sie wollen wir auf dich schauen,
wenn wir uns schwach und unsicher fühlen.
Wir bitten dich:
Schenke uns dieses Vertrauen
in deine Liebe und in deinen Beistand.
Darum bitten wir dich durch Jesus Christus.

Amen

Blühende Zweige und das Adventsgärtchen

Eine der vielen Barbara-Legenden erzählt, daß die Heilige auf dem Weg ins Gefängnis mit dem Kleid an einem Zweig hängenblieb. Sie nahm diesen Zweig mit in die Zelle und hielt ihn mit ihrem Trinkwasser feucht. So fing er zuletzt zu blühen an und schenkte ihr Trost.

Zur Erinnerung daran nehmen die Menschen bis heute am Barbaratag Zweige von Obstbäumen mit ins Haus und hoffen, daß sie an Weihnachten blühen werden. Dann soll es nämlich ein gutes neues Jahr werden, vielleicht wird es sogar eine Hochzeit geben. Der Tradition nach müssen Zweige von einem dieser Bäume oder Sträucher geschnitten werden: Apfel, Kirsche, Kastanie, Pflaume, Birke, Holunder, Haselnuß, Rotdorn oder Forsythie.

Heute wissen wir, daß sich in diesem Brauch die Barbara-Legende mit einer alten germanischen Sitte verbunden hat. Denn der Barbaratag ist, wie der Andreastag, seit jeher ein Lostag gewesen, also ein Tag, dem man Weissagungskraft für die Zukunft zusprach. Schon in vorchristlicher Zeit haben die Menschen um diese Zeit Zweige mit ins Haus genommen und ihr Blühen als gutes Zeichen gedeutet: daß es ein fruchtbares Jahr werden oder daß ein Heiratswunsch in Erfüllung gehen würde. In Niederösterreich hängt bis heute jedes Familienmitglied einen Zettel mit seinem Namen an einen der Zweige. Wessen Zweig an Weihnachten blüht, der darf auf die Erfüllung seines Wunsches hoffen.

Noch andere Fruchtbarkeitsbräuche gibt es: In einem tiefen Teller legt man auf Küchenpapier oder Watte Weizenkörner aus – den Barbara-Weizen. Die Körner müssen gut feucht gehalten werden. Wenn das „Adventsgärtchen" aufgeht, kann man an Weihnachten damit die Krippe schmücken und sich auf reiche Ernte im kommenden Jahr freuen.

Unter Gottes Schutz

Ich will den Herrn allezeit preisen;
immer sei sein Lob in meinem Mund.
Verherrlicht mit mir den Herrn,
laßt uns gemeinsam seinen Namen rühmen.
Ich suchte den Herrn, und er hat mich erhört,
er hat mich all meinen Ängsten entrissen.
Blickt auf zu ihm, so wird euer Gesicht leuchten,
und ihr braucht nicht zu erröten.
Der Engel des Herrn umschirmt alle,
die ihn fürchten und ehren, und er befreit sie.
Kostet und seht, wie gütig der Herr ist;
wohl dem, der sich zu ihm flüchtet!

(aus Psalm 34)

Pflegetips

Blühende Obstzweige im Winter – das ist keine Zauberei, sondern die Auswirkung eines Hormons. Zu seiner Produktion wird die Pflanze immer dann angeregt, wenn auf eine längere Frostphase wärmere Tage folgen. Deshalb kommt es darauf an, daß die Zweige einen Temperaturunterschied erleben.

Hat es bereits gefroren, werden die Zweige normal ins Wasser gestellt und in einem eher kühlen Raum aufbewahrt.

Wenn es noch nicht gefroren hat, bevor die Zweige geschnitten werden, sollten sie nach dem Schnitt zunächst rund 14 Stunden in warmes Wasser gelegt werden. Alternativ werden sie ein paar Stunden ins Eisfach gelegt und dann behandelt, als ob sie bei Frost geschnitten worden wären.

Wichtig: Die Zweige müssen schräg angeschnitten oder mit dem Hammer leicht angeklopft werden, damit sie besser Wasser aufnehmen können. Das Wasser sollte alle zwei Tage gewechselt werden. Sprühen Sie die Zweige mehrmals täglich feucht an, damit sie nicht austrocknen.

Es ist ein Ros entsprungen

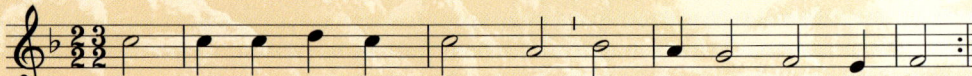

1. Es ist ein Ros ent-sprun-gen, aus ei-ner Wur-zel zart,
wie uns die Al-ten sun- gen, von Jes-se kam die Art,

und hat ein Blüm-lein bracht, mit - ten im kal-ten

Win - ter, wohl zu der hal - ben Nacht.

2. Das Röslein, das ich meine, / davon Jesaja sagt, / ist Maria, die
Reine, / die uns das Blümlein bracht. / Aus Gottes ewgem Rat / hat
sie ein Kind geboren / und blieb doch reine Magd.

3. Das Blümelein so kleine, / das duftet uns so süß; / mit seinem
hellen Scheine / vertreibt's die Finsternis, / wahr' Mensch und
wahrer Gott, / hilft uns aus allem Leide, / rettet von Sünd und Tod.

(Text: Strophe 1 + 2 Köln, 1599, Strophe 3 Berlin, 1853;
Musik: Köln, 1599)

Schweinelendchen Barbara

Das brauchen wir:
(für 3–4 Personen)

500 g Schweinelendchen
Salz und Pfeffer
2 EL Butter
250 g kleine Äpfel
125 ml Weißwein, trocken
125 ml Sahne
4 TL Speisestärke
4 EL Wasser
2 EL Meerrettich
1 Prise Zucker

So wird's gemacht:
Die Lende in ca. 2 cm dicke Scheiben schneiden, großzügig salzen und pfeffern und mit Butter braten, bis beide Seiten gut gebräunt sind. Aus der Pfanne nehmen und warmhalten. Die Äpfel schälen, hälften und entkernen. Wein in die Pfanne geben, die Apfelhälften hineinlegen. Zugedeckt 10 Minuten leicht ziehen lassen. Äpfel herausnehmen und auf die Lendenscheiben legen. Die Sahne zum Wein in die Pfanne geben, umrühren und langsam zum Kochen bringen. Speisestärke mit den 4 EL Wasser mischen und in die Soße einrühren. Eine Minute lang kochen. Meerrettich und Zucker hinzufügen, mit Pfeffer und Salz abschmecken und zum Servieren die Soße über die Äpfel und Lendenscheiben gießen.

Nikolaus

Der Gütige

Dient einander, jeder mit der Gabe, die er empfangen hat
(1 Petrus 4,10).

Ein Freund der Kinder

Es war einmal ein Vater, der hatte drei Töchter. Die Familie war vornehm, aber sehr arm, weshalb die Töchter nicht heiraten konnten und eine ungewisse Zukunft hatten. Eines Nachts, als alle schliefen, kam ein reicher Mann an dem Haus vorbei. Er wußte von der Not der Töchter, und weil er Mitleid hatte, warf er drei Goldsäckchen ins Zimmer – manche sagen, er warf das Gold direkt in die Strümpfe, die im Kamin zum Trocknen aufgehängt waren, oder auch in die Schuhe. Als die drei Mädchen am nächsten Morgen erwachten, trauten sie ihren Augen nicht. Solch ein Reichtum! Nun brauchten sie sich keine Sorgen um ihre Zukunft mehr zu machen.

Wir ahnen, von wem hier die Rede ist. Geschenke, die über Nacht in Strümpfe oder Schuhe gesteckt werden – das kommt uns bekannt vor. Ja, es ist der Nikolaus, von dem diese Geschichte handelt.

Nikolaus, der Bischof von Myra, hat im 4. Jahrhundert an der südwestlichen Küste der heutigen Türkei gelebt. Er stammte aus einer reichen Familie und muß ein beeindruckender Mann gewesen sein, gütig und hilfsbereit. Das ist wohl auch der Grund, warum sich um seine Gestalt nach und nach ein ganzer Kranz von wunderbaren Geschichten gebildet hat. Rund 200 Jahre nach seinem Tod erzählte man sich die erste: Drei Feldherren waren zu Unrecht angeklagt und sollten verurteilt werden. Um das zu verhindern, erschien Bischof Nikolaus dem Kaiser in Konstantinopel im Traum und bat um ihre Rettung. Und so geschah es: Der Kaiser begnadigte die drei Feldherren.

Ein anderes Mal gelang es dem Bischof, eine Hungersnot in Myra zu beenden. Er bewog Getreideschiffer dazu, einen Teil ihrer Ladung an die leidende Bevölkerung abzugeben. Sie taten es, und Nikolaus wachte persönlich über die Verteilung. Als aber die Schiffe schließlich weiterfuhren, fehlte in ihren Frachträumen trotzdem kein Körnchen.

Nach einer anderen Legende hat der Bischof Schiffer aus Seenot errettet, obwohl er gleichzeitig an einer kirchlichen Versammlung teilnahm. Die Schiffer erreichten glücklich und unversehrt die Stadt Myra, wo sie voller Staunen Nikolaus als ihren Retter erkannten. Seither verehren die Seefahrer den Bischof als ihren Patron. Daneben wenden sich aber unzählige andere Berufsgruppen an ihn als Schutzheiligen. Auch solche, denen man eigentlich gar nicht zutraut, daß sie Schutzheilige haben: die Diebe zum Beispiel.

Sehr oft begegnet in den Legenden vom Nikolaus die Zahl Drei. Dafür gibt es einen Grund: Die Drei gilt als besondere Zahl, weil sie an die Dreieinigkeit Gottes erinnert. So beschenkt Nikolaus die drei jungen Mädchen mit Gold, und er rettet die drei unschuldigen Feldherren. Nach einer späteren Legende macht er sogar drei Schüler wieder lebendig, die ein verbrecherischer Gastwirt ermordet und in ein Faß gesteckt hatte. Ein andermal ist es ein noch sehr kleines Kind, das Nikolaus durch sein wunderbares Eingreifen vor dem Tod bewahrt. Man kann sagen: Er ist immer dann zur Stelle, wenn's gefährlich wird, vor allem für die Kinder. Weshalb uns der gütige Bischof von Myra vor allem als Freund der Kinder im Gedächtnis geblieben ist – ganz besonders heute, am Nikolaustag.

Gebet

Guter Gott,
du hast zu allen Zeiten Menschen für dich begeistert.
Menschen wie den Bischof Nikolaus,
der seinen Reichtum mit anderen teilte
und half, wo er nur konnte.
Bis heute ist er ein lebendiges Vorbild
für ein Leben aus dem Glauben.
Wir danken dir für dieses Vorbild.
Wir bitten dich:
Laß uns nicht vergessen,
daß es im Leben darauf ankommt,
anderen zu helfen und sie zu beschenken,
weil wir von dir beschenkt worden sind
durch Jesus Christus, deinen Sohn.

Amen

Wie der Nikolaus verehrt wurde

Der Bischof von Myra ist friedlich gestorben. Man weiß aber nicht, ob es wirklich an einem 6. Dezember geschah, wie erzählt wird. Er wurde in seiner Heimatstadt in Kleinasien beigesetzt. In den folgenden Jahrhunderten begingen die Menschen seinen Todestag und umkränzten seine Gestalt mit immer neuen Wundergeschichten. Dabei gerieten auch Erzählungen über das Leben eines zweiten Mannes namens Nikolaus mit hinein, der rund 200 Jahre später Abt in Sion, einem Kloster unweit von Myra, gewesen war.

So wurde das Leben des Bischofs stetig ausgeschmückt, und sein Ruhm als Retter, Beschützer und heimlicher Gabenbringer breitete sich immer weiter aus. Auch in der Kunst fanden sich die Spuren seiner Legenden wieder: Nikolaus wurde mit drei Goldkugeln dargestellt, aber auch mit drei Schülern im Faß oder mit einem Schiff.

Zunächst verehrte man den Bischof von Myra vor allem im griechischen Raum. Bis heute ist er der wichtigste Heilige für die christlich-orthodoxe Kirche. Im Westen wuchs das Interesse an Nikolaus stark durch Kaiserin Theophanu, eine byzantinische Prinzessin, die im Jahr 972 Kaiser Otto II. heiratete. Unter ihrem Einfluß wurden dem Nikolaus immer mehr Kirchen, Klöster und Kapellen geweiht, vor allem in See- und Binnenhafenstädten. Weil er der Legende nach die Seefahrer gerettet hatte, sah man in ihm gleichsam die christliche Antwort auf den heidnischen Meeresgott Poseidon.

Als dann im 11. Jahrhundert die Muslime Kleinasien eroberten, raubten Kaufleute aus dem italienischen Bari kurzerhand die Gebeine des Heiligen und brachten sie in ihre Heimat. Seither feiern die Menschen in Bari immer am 8. Mai ein großes Fest zur Erinnerung an die Überbringung der Gebeine. Der aufgebrochene Sarkophag aber ist noch heute in Demre, dem einstigen Myra, zu sehen.

In Lothringen entstand um dieselbe Zeit ein Wallfahrtsort mit großer Kirche, Prozessionen und Votivgaben: Saint-Nicolas-du-Port. Denn ein lothringischer Ritter behaupte, er habe bei der Überführung der Gebeine nach Bari ein Fingerglied des Heiligen an sich genommen. Etwa um diese Zeit bildete sich – ebenfalls in Nordfrankreich – auch die „Schülerlegende" heraus, die Erzählung von der Wiedererweckung der drei Kinder im Faß.

Im Osten und auch im Westen hatten inzwischen Schreibkundige begonnen, die Nikolaus-Geschichten für die Nachwelt festzuhalten. Besonders die „Legenda aurea", die „Goldene Legende" aus dem 13. Jahrhundert, vermehrte im Abendland das Ansehen des Bischofs. Bis nach Skandinavien und Lappland reichte nun sein Ruhm. Und dort oben im Nordosten begegneten sich dann – skurriles Ereignis der Weltgeschichte – die Traditionen des abendländischen und des russisch-griechischen Nikolaus: Der Heilige traf gleichsam mit sich selbst zusammen.

Schon früh wurde es auch üblich, daß die Kinder am Nikolaustag etwas geschenkt bekamen – weil Nikolaus ja selbst ein Gabenspender war. Ursprünglich hatte zwar der 28. Dezember die Bedeutung als Geschenktag besessen. Ebenso hatte zuerst an jenem Tag das Kinderbischofsspiel stattgefunden, das eine „verkehrte Welt" darstellte: Ein Kind schlüpfte in die Rolle des „Bischofs" und wurde mit Umzügen gefeiert. Je beliebter jedoch der Nikolaus als Kinderfreund wurde – wozu die Legende von der Errettung der Schüler viel beitrug –, desto mehr stieg die Bedeutung des 6. Dezember. Das Kinderbischofsspiel (das danach bald aus der Mode kam) und die Beschenkung wanderten auf diesen Tag hinüber. So merkwürdig es klingt: An Weihnachten bekam im ausgehenden Mittelalter noch kein Kind etwas geschenkt.

In der Reformationszeit geriet die Heiligenverehrung in die Kritik. Nur auf den Glauben komme es an, sagte Martin Luther. Wer glaube, der benötige keinen Fürsprecher bei Gott. Fortan trat das Christkind als neuer Geschenkbringer auf. Damit verlagerte sich fast überall – eine Ausnahme machen beispielsweise die Niederlande – die eigentliche Beschenkung vom 6. Dezember auf den Tag der Geburt Jesu: Weihnachten wurde in den folgenden Jahrhunderten zu dem Familienfest, das wir heute kennen und lieben.

Trotzdem verlor der Nikolaus nicht an Bedeutung. Seit der Reformation wurde nur stärker seine Vorbildhaftigkeit betont, sein heiligmäßiges Leben, sein gutes Herz und seine Hilfsbereitschaft. Und auch auf seine heimlich gebrachten Gaben am Vorabend des 6. Dezember verzichteten die Menschen nicht – trotz Christkind-Bescherung.

Die katholische Kirche war es dann, welche die Nikolaus-Gaben als erste mit einer Gewissensprüfung verband: Nur, wer wirklich brav gewesen war, bekam Äpfel, Nüsse und Marzipan. Dieser Brauch hat sich weit verbreitet und bis in die Gegenwart erhalten. Auch wenn es heute hoffentlich niemand mehr darauf anlegt, den Kindern damit angst zu machen.

Laßt uns froh und munter sein

1. Laßt uns froh und mun-ter sein und uns recht von Her-zen freun! Lu-stig, lu-stig, tra-le-ra-le-ra! Bald ist Ni-ko-laus-a-bend da, bald ist Ni-ko-laus-a-bend da!

2. Dann stell' ich den Teller auf,
Nikolaus legt gewiß was drauf.
Lustig, lustig …

3. Wenn ich schlaf, dann träume ich,
jetzt bringt Nikolaus was für mich.
Lustig, lustig …

4. Wenn ich aufgestanden bin,
lauf ich schnell zum Teller hin.
Lustig, lustig …

5. Nikolaus ist ein guter Mann,
dem man nicht genug danken kann.
Lustig, lustig …

(Text und Musik: volkstümlich aus dem Hunsrück)

66

Nikolausstiefel zum Aufhängen

Aus rotem Stoff oder Jute läßt sich leicht ein Stiefel für die Nikolausgeschenke nähen. Die Umrisse eines Stiefels zweimal ausschneiden, zusammennähen und umstülpen. An den Rand kommt ringsherum Watte oder eine flauschige weiße Borte, dazu eine Schlaufe. Wer mag, kann den Stiefel noch mit Glöckchen und anderem adventlichem Schmuck bestecken. Wird die Jute angemalt, sollte während des Farbauftrags Papier unter den Stoff gelegt werden.

Und Knecht Ruprecht?

Nikolaus hat einen Gehilfen bei sich. Unheimlich ist dieser Geselle: bärtig, zottelig gekleidet, mit geschwärztem Gesicht. Er trägt verschiedene Namen: Knecht Ruprecht, Krampus, Aschenmann, Schmutzli, Hans Trapp, Piet … Und während Nikolaus die Geschenke bringt, hat er eine Rute und ist für die Strafe zuständig.

Die Wissenschaftler sagen, daß hinter der Maske des Knecht Ruprecht die alten heidnischen Geister stecken, von denen die Menschen einst glaubten, daß sie in den Dezembernächten ihr Unwesen treiben. Und daß die Rute eigentlich nichts anderes ist als die dunkle Variante der Orakelzweige, die am Barbara- und Andreastag geschnitten werden, damit sie an Weihnachten blühen …

Wenn wir aber wissen, woher Knecht Ruprecht kommt, ist er doch gleich viel harmloser, als er zuerst scheint. Wir können dann sogar ganz dicht herangehen und ihm ins finstere Gesicht schauen – der Nikolaus paßt auf, daß nichts passiert, er ist ja der Chef vom Knecht Ruprecht.

Und merkwürdig: Je näher wir herangehen, desto weniger furchterregend sieht Knecht Ruprecht aus – so ist es ja immer mit den Dingen, die angst machen. Damit die Kinder das erkennen, können sie vielleicht mal selbst in ein Kostüm des finsteren Gesellen schlüpfen und greulich tun. Wetten, daß sie dann bald selbst lachen müssen?

Weihnachtsschnee

Ihr Kinder, sperrt die Näschen auf,
Es riecht nach Weihnachtstorten;
Knecht Ruprecht steht am Himmelsherd
Und bäckt die feinsten Sorten.

Ihr Kinder, sperrt die Augen auf,
Sonst nehmt den Operngucker:
Die große Himmelsbüchse, seht,
Tut Ruprecht ganz voll Zucker.

Er streut – die Kuchen sind schon voll –
Er streut – na, das wird munter:
Er schüttelt die Büchse und streut und streut
Den ganzen Zucker runter.

Ihr Kinder, sperrt die Mäulchen auf,
Schnell! Zucker schneit es heute;
Fangt auf, holt Schüsseln – ihr glaubt es nicht?
Ihr seid ungläubige Leute!

(Paula Dehmel)

Apfel, Nuß und Mandelkern

Von den traditionellen Gaben des Nikolaus hat jede ihre eigene Bedeutung. Der rote Apfel ist seit jeher das Symbol für Glück und Fruchtbarkeit. Im Paradies wird er eigenmächtig abgepflückt und damit zum Zeichen für die Sünde. Aber am Weihnachtsbaum begegnet er uns dann wieder, als Zeichen der Versöhnung mit Gott durch Christus. Die heutigen Weihnachtskugeln erinnern noch an den Apfel, auch wenn sie längst nicht nur rot, sondern in allen Farben glänzen wie die wunderschönen Kugeln in unserem nachfolgenden Basteltip.

Nüsse und Mandeln versinnbildlichen Gottes Wort. Wie die Nüsse ist es nicht so leicht zugänglich. Man muß sich schon etwas anstrengen, um es „aufzuknacken", um bis zu seinem Kern durchzudringen. Der Kirchenvater Augustinus verglich die Schale mit dem Holz des Kreuzes Christi und den Kern mit dem neuen Leben, das Christus uns schenkt.

Die Mandeln haben noch dazu eine besondere Beziehung zum Nikolaus. Werden sie doch beim Spekulatiusbacken verwendet. „Spekulatius" aber bedeutet „Aufseher", von lateinisch *speculator*. Damit verweist der Spekulatius auf den Bischof von Myra, denn ein Bischof ist immer auch ein Aufseher. In den Mürbteig drückt man mit Hilfe von Holz- und Tonmodeln szenische Darstellungen aus dem Leben des Nikolaus hinein.

Wunderschöne Weihnachtskugeln

Das brauchen wir:
1 farblose, transparente Plastikkugel mit 10 cm Durchmesser
3 farblose, transparente Plastikkugeln mit 8 cm Durchmesser
je 50 ml Spezialfarblack für Plastik in gold, orange, rosa
20 ml Konturenpaste, gold
50 ml Malglitter, bleichgold
Spiegelchen, 10 mm
Spiegelchen, 15 mm
Goldband zum Aufhängen, 5 mm breit

So wird's gemacht:
Die Plastikkugeln mit dem Lack grundieren und gut trocknen lassen. Mit der goldenen Konturenpaste Streifen und Punkte aufmalen und auf die noch feuchten Punkte die Spiegelchen aufsetzen – gut trocknen lassen. Als Glitzereffekt einige der Felder mit Malglitter ausmalen. Mit Goldband aufhängen.

Das Lied vom Apfel

1. In mei-nem klei-nen Ap-fel, da sieht es lu-stig aus:

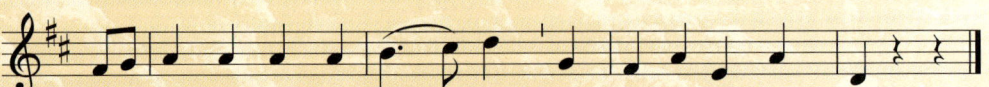

Es sind da-rin fünf Stüb-chen grad wie in ei-nem Haus.

2. In jedem Stübchen wohnen zwei Kernchen, schwarz und fein,
die liegen drin und träumen vom lieben Sonnenschein.

3. Sie träumen auch noch weiter gar einen schönen Traum,
wie sie einst werden hängen am lieben Weihnachtsbaum.

(Volkslied; Melodie nach Wolfgang Amadeus Mozart)

Weihnachtlicher Früchtenußkuchen

Die Gaben des Nikolaus, Apfel, Nuß und Mandelkern, verbinden sich in diesem Rezept auf das Leckerste …

Das brauchen wir:
(für ca. 15 Stücke)

Für den Kuchen:
100 g Korinthen
100 Sultaninen
½ säuerlicher Apfel
abgeriebene Schale von 1 unbehandelten Zitrone
50 g Weizenmehl (Type 405)
1 Prise Lebkuchengewürz
1 Prise Muskat
¼ TL Zimt
70 g Instant-Getreideflocken
80 g Margarine
100 g Zucker
30 ml Orangensaft
1 EL Zitronensaft
2 Eier (Größe M)
25 g Honig
Jodsalz
50 g Pinienkerne
50 g kernige Haferflocken
50 g Mandeln, gehackt
Fett für die Form

Für die Karamelsterne:
60 g Zucker
2 EL kernige Haferflocken
Pflanzenöl zum Einfetten

So wird's gemacht:
Korinthen, Sultaninen und den halben Apfel hacken und mischen, geriebene Zitronenschale darübergeben. Mehl, Gewürze und Instant-Getreideflocken vermischen, Margarine unterkneten und zur Rosinenmischung geben. Restliche Zutaten zufügen und alles zu einem glatten Teig verrühren. Eine große Puddingform (oder mehrere kleine) mit Deckel fetten. Teig in die Puddingform geben und Deckel schließen. Wasser in einem großen Topf erhitzen. Form hineinstellen und Kuchen im Wasserbad bei niedriger Hitze 70–90 Minuten garen. Dabei sollte die Form zu Dreivierteln im Wasser stehen und der Deckel des Topfes geschlossen sein. Für die Karamelsterne Zucker bei schwacher Hitze in einer Pfanne schmelzen. Kernige Haferflocken unterrühren. Masse auf einem gefetteten Backpapier ausstreichen. Mit gefetteten Förmchen Sterne ausstechen. Abgekühlten Kuchen aus der Form lösen und mit Karamelsternen verziert servieren.

Ambrosius

Der Dichter und Lehrer

„Komm, Erlöser der Völker,
mache offenbar die Geburt aus der Jungfrau.
Staunen soll die Menschheit:
Solche Geburt ist Gottes würdig"

Das Wunder der Lieder

In Mailand sitzt ein Mann über ein Stück Pergament gebeugt. Er sucht nach den richtigen Worten. Ein Loblied will er schreiben. Eine Weihnachtshymne. „Veni, redemptor gentium – Komm, Erlöser der Völker …" Leise kratzt das Tintenrohr.

Ambrosius liebt die Lieder. Sie sind gesungene Gebete. Wenn er dichtet, ist er Gott auf ganz besondere Weise nahe. Wieder kratzt das Rohr auf dem Pergament, und die Worte fließen jetzt wie von selbst: „Mache offenbar die Geburt aus der Jungfrau. Staunen soll die Menschheit: Solche Geburt ist Gottes würdig." Nach den Worten für seine Lieder muß Ambrosius nicht lange suchen. Sein Herz ist voll von ihnen. Außerdem spricht er wie alle Gläubigen täglich mehrmals die Stundengebete. Und er liest die Evangelien und die Briefe der Apostel.

Ambrosius weiß viel. Er ist nicht nur poetisch veranlagt, sondern auch ein kluger Kopf. Kein Wunder – stammt er doch aus einer vornehmen Familie und hat eine gute Erziehung bekommen. In Trier ist er geboren worden, vermutlich im Jahr 339. Er ist der Sohn des römischen Statthalters für Gallien. Als sein Vater stirbt, geht die Mutter mit den Kindern nach Rom. Hier studiert Ambrosius Jura und Rhetorik, die Kunst des Redens. Er wird ein erfolgreicher Anwalt. Sein großes Talent ist die Sprache. Wo er auch spricht, lauschen ihm die Menschen gebannt.

Schon bald zieht es Ambrosius in die Politik. Kaiser Valentinian schickt ihn im Jahr 373 als Präfekt nach Mailand. Und dort nimmt sein Leben eine ganz unerwartete Wendung. In Mailand verehrt man den neuen Präfekten, weil er milde ist und gerecht. Schon ein Jahr nach seinem Amtsantritt muß Ambrosius sich mit einer schwierigen Angelegenheit befassen. Der Bischof ist gestorben, und Streit herrscht über die Frage, wer Nachfolger werden soll. Die Arianer, eine Gruppierung innerhalb der Christen, möchten unbedingt ihren Kandidaten durchsetzen. Das ganze Bistum ist deshalb in Aufruhr. Am entscheidenden Tag geht auch Ambrosius in die Basilika, in der die Wahlversammlung stattfindet. Als

72

Präfekt will er die Wahl beobachten und schlichtend eingreifen, falls es nötig sein sollte. Doch es kommt alles ganz anders. Denn plötzlich, so berichtet die Legende, ruft ein Kind: „Ambrosius Bischof!" Einen Moment lang herrscht Stille in der Basilika. Alle Streithähne blicken einander verdutzt an. Dann bricht Lärm los: „Ja, Ambrosius soll unser Bischof werden", jubeln die Menschen. „Ambrosius als Bischof!"

Der ringt schwer mit sich. Soll er wirklich Bischof werden? Immerhin ist er erst Katechumene, das heißt, er bekommt Unterricht im christlichen Glauben und ist noch gar nicht getauft. Doch die Menschen im Bistum setzen all ihre Hoffnung in ihn. Und auch der Kaiser wünscht, daß er die Wahl annimmt. Da gibt Ambrosius seinem Herzen einen Stoß und willigt ein. Mit der Taufe kann man nun nicht bis Ostern warten, wie es sonst üblich wäre. Am 30. November wird Ambrosius getauft. Am 7. Dezember 374 empfängt er die Bischofsweihe. Seither ist der 7. Dezember sein Gedenktag – bis heute. Und der neue Bischof meint es wirklich ernst: Sein ganzes Vermögen schenkt er den Armen und der Kirche. Er wird ein Hirte für die Gläubigen. Einer, der für jeden zu sprechen ist und sich nicht hinter dicken Mauern verschanzt. Eifrig studiert Ambrosius auch die Schriften der großen Theologen. Dabei nützt es ihm, daß er die griechische Sprache beherrscht. Aber seine große Liebe gehört nach wie vor der Redekunst. Nun stellt er diese Kunst in den Dienst des Glaubens. Er predigt und schreibt Auslegungen zur Bibel. Er wird einer der vier großen Kirchenlehrer des Abendlandes und der Schutzherr der Lernenden werden. Einer seiner Schüler ist der hl. Augustinus.

Und Ambrosius dichtet seine Lieder. Hymnen wie jene von der Geburt Jesu: „Komm, Erlöser der Völker." Die Hymnen haben den Mailänder Bischof als Dichter unsterblich gemacht. Zu Recht hat er also seinen Namen getragen: Ambrosius – der Unsterbliche. Genau wie die Speise der Götter in den griechischen Sagen: Ambrosia. Süß soll sie gewesen sein, diese Speise der Unsterblichen. Süß wie Bienenhonig. Ist doch Ambrosius Schutzherr nicht nur der Lernenden, sondern auch der Bienen und anderen Haustiere, der Imker und aller, die mit Honig und Wachs zu tun haben. Die Künstler geben ihm deshalb ein Buch und einen Bienenkorb zur Seite. Und so berichtet die Legende: Einst, bei der Geburt des Ambrosius, habe ein Bienenschwarm die Wiege des Kindes umflogen und Honig in seinen Mund geträufelt. Ein Wunder? Vielleicht. Aber das wahre Wunder sind die Lieder und der, von dem sie erzählen: Gottes Sohn.

Macht hoch die Tür

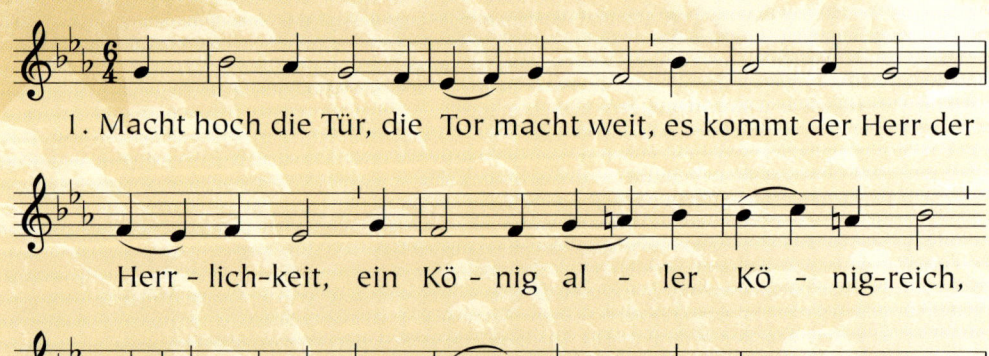

1. Macht hoch die Tür, die Tor macht weit, es kommt der Herr der

Herr - lich-keit, ein Kö - nig al - ler Kö - nig-reich,

ein Hei-land al - ler Welt zu-gleich, der Heil und Le - ben

mit sich bringt; der-hal - ben jauchzt, mit Freu - den singt.

Ge - lo - bet sei mein Gott,_ mein Schöp-fer reich an Rat._

2. Er ist gerecht, ein Helfer wert, / Sanftmütigkeit ist sein Gefährt, / sein Königskron ist Heiligkeit, / sein Zepter ist Barmherzigkeit; / all unsre Not zum End er bringt; / derhalben jauchzt, mit Freuden singt. / Gelobet sei mein Gott, / mein Heiland, groß von Tat.

3. O wohl dem Land, o wohl der Stadt, / so diesen König bei sich hat. / Wohl allen Herzen insgemein, / da dieser König ziehet ein. / Er ist die rechte Freudensonn, / bringt mit sich lauter Freud und Wonn. / Gelobet sei mein Gott, / mein Tröster früh und spat.

4. Macht hoch die Tür, die Tor macht weit, / eu'r Herz zum Tempel zubereit'. / Die Zweiglein der Gottseligkeit / steckt auf mit Andacht, Lust und Freud; / so kommt der König auch zu euch, / ja Heil und Leben mit zugleich. / Gelobet sei mein Gott, / voll Rat, voll Tat, voll Gnad.

5. Komm, o mein Heiland Jesu Christ, / mein's Herzens Tür dir offen ist. / Ach zieh mit deiner Gnade ein, / dein Freundlichkeit auch uns erschein. / Dein Heilger Geist uns führ und leit / den Weg zur ewgen Seligkeit. / Dem Namen dein, o Herr, / sei ewig Preis und Ehr.

(Text: Georg Weißel, vor 1623; Musik: Halle, 1704)

Gebet

Barmherziger Gott,
du hast uns die Gabe des Sprechens geschenkt.
Wir bitten dich:
Schenk uns Klugheit und ein offenes Herz,
damit wir unsere Worte richtig wählen
und keinen Unsinn reden,
der andere Menschen verletzen könnte.
Schenk uns offene Ohren,
damit wir anderen Menschen richtig zuhören können.
Du selbst hast zu uns gesprochen,
indem du uns deinen Sohn gesandt hast.
Jesus Christus ist das Wort,
das du zu uns sprichst – bis heute.
Dieses Wort wird nie verstummen.
Jetzt, in der Adventszeit,
freuen wir uns besonders darüber.
Und wir danken dir dafür.

Amen

Über das Wort

Ambrosius von Mailand war nicht nur selbst ein guter Redner, er hat auch viel darüber nachgedacht, wie man die Worte gebrauchen soll. Seine Gedanken hat er für spätere Generationen aufgeschrieben. Was er schreibt, klingt etwas umständlich – das ist meistens so mit den alten Texten. Deshalb sind sie es aber trotzdem wert, beachtet zu werden.

Folgendes also sagt Ambrosius: „Ist einer im Reden behutsam, so wird er mild, sanft und bescheiden." Und weiter: „Wenn derjenige nämlich den Mund hält und seine Zunge beherrscht und nicht redet, bevor er seine Worte geprüft, überdacht und abgewogen hat und überlegt hat, ob dieses gesagt werden soll und ob es diesem Menschen gegenüber gesagt werden soll, so übt er tatsächlich Bescheidenheit, Sanftmut und Geduld."

Wir heute würden es kürzer ausdrücken: „Erst denken, dann reden!" Gemeint ist damit aber dasselbe. Wir sollen uns drei Sachen genau überlegen: erstens, ob wir überhaupt etwas sagen. Zweitens, was wir sagen. Und drittens, zu wem wir es sagen.

Worte sind nicht einfach Schall und Rauch. Sie haben manchmal eine starke Wirkung. Sie können traurig machen oder fröhlich. Sie können eine Ohrfeige sein oder eine Umarmung. Wer möchte da nicht lieber umarmt werden? Manche Worte sind etwas ganz Besonderes. Mit ihnen können wir einen anderen Menschen beschenken. Die Sprache ist ja selbst ein Geschenk – das Geschenk Gottes an uns Menschen.

So wichtig ist die Sprache, daß sie sogar an Weihnachten vorkommt. Im Johannesevangelium nämlich. Dort heißt es: Gottes Wort ist Mensch geworden. Das Kind in der Krippe ist das Wort, das Gott zu uns Menschen spricht. Jesus ist das Wort, mit dem Gott uns zu sich ruft. Deshalb hat Jesus, als er erwachsen war, gepredigt und mit seinen Worten die Herzen der Menschen erreicht.

Aber wer gerufen wird, der antwortet auf diesen Ruf, nicht wahr? Das tun wir auch – mit dem Glauben. Mit unseren Gebeten und unseren Liedern. In Bethlehem an der Krippe, da hat ein Gespräch zwischen Gott und uns Menschen begonnen, das nie zu Ende geht.

Liebevolle Grüße

Adventliche und weihnachtliche Grüße machen noch einmal so viel Freude, wenn sie handgemacht sind. Und das geht ganz leicht: Einfach mit Gelstiften in Silber, Gold oder vielen anderen Farben auf bunten Karton schreiben und dazu Sterne oder andere Symbole malen. Da können auch Kinder nach Herzenslust mitgestalten. Wer mag, schneidet die Karten aus – so werden die Weihnachtsgrüße noch phantasievoller und individueller.

Ambrosiuscreme

Das brauchen wir:
(für 8 Personen)

500 ml Sauerrahm
125 g Zucker
rote Speisefarbe
2 Eiweiß
1 EL Zitronensaft
1 EL Rum oder 10–15 Tropfen Rumaroma
½ TL Vanillearoma
4 EL kaltes Wasser

250 ml geschlagene Sahne
1½ Tütchen Gelatinepulver
(für 600 ml Flüssigkeit)

So wird's gemacht:
Sauerrahm und Zucker schaumig schlagen, Speisefarbe hinzufügen. Eiweiß schlagen und mit dem Zitronensaft, dem Rum bzw. dem Rumaroma und dem Vanillearoma in die Sauerrahm-Zucker-Mischung einrühren. Gelatine in kaltem Wasser einweichen, langsam erhitzen, durch Umrühren auflösen und zu der Mischung unter langsamem Rühren hinzugeben. In eine Schüssel gießen und im Kühlschrank fest werden lassen. Vor dem Servieren die Schüssel 20 Sekunden in heißes Wasser tauchen, auf einer Platte umdrehen und die Schüssel vorsichtig entfernen. Mit geschlagener Sahne nach Belieben dekorieren.

Immaculata

Die Makellose

Maria zeigt uns, wie wir Menschen eigentlich gedacht sind.
Sie überläßt sich ganz Gottes Willen

Eva und die Gottesmutter

Mitten in die Adventszeit fällt dieser Tag: Er ist der Maria gewidmet. Sein eigentlicher Name ist sehr lang – er lautet: „Hochfest der ohne Erbsünde empfangenen Jungfrau und Gottesmutter Maria". Auf lateinisch wird der Tag abgekürzt „Immaculata" genannt. Das bedeutet „fehlerlos". Wir kennen ja sogar im Deutschen das Wort „makellos".

Um zu verstehen, was es mit dieser Makellosigkeit von Maria auf sich hat, müssen wir in der Bibel ganz weit zurückgehen:

Gott, der Herr, rief Adam zu und sprach: Wo bist du? Er antwortete: Ich habe dich im Garten kommen hören; da geriet ich in Furcht, weil ich nackt bin, und versteckte mich. Darauf fragte er: Wer hat dir gesagt, daß du nackt bist? Hast du von dem Baum gegessen, von dem zu essen ich dir verboten habe? Adam antwortete: Die Frau, die du mir beigesellt hast, sie hat mir von dem Baum gegeben, und so habe ich gegessen. Gott, der Herr, sprach zu der Frau: Was hast du da getan? Die Frau antwortete: Die Schlange hat mich verführt, und so habe ich gegessen. Da sprach Gott, der Herr, zur Schlange: Weil du das getan hast, bist du verflucht unter allem Vieh und allen Tieren des Feldes. Auf dem Bauch sollst du kriechen und Staub fressen alle Tage deines Lebens. Feindschaft setze ich zwischen dich und die Frau, zwischen deinen Nachwuchs und ihren Nachwuchs. Er trifft dich am Kopf, und du triffst ihn an der Ferse. Adam nannte seine Frau Eva (Leben), denn sie wurde die Mutter aller Lebendigen.

(Genesis 3,9–15.20)

Das ist die Geschichte vom Sündenfall, eine der bekanntesten Geschichten in der Bibel. Aber was hat sie mit Maria zu tun? Die kommt darin doch gar nicht vor!

Das stimmt. In dieser Geschichte begegnet uns eine andere Frau: Eva. Gemeinsam mit Adam hat sie die von Gott gesetzte Grenze übertreten und sich schuldig gemacht. Die beiden wollten alles wissen, alles durchschauen, sie wollten sein wie Gott selbst. Gerade dieses, daß sie gottgleich werden wollten, hat sie von Gott getrennt: Deshalb wurden sie auch aus dem Paradies vertrieben, so erzählt die Geschichte weiter. Was im Klartext bedeutet: Nun lernten sie das Leben in seiner ganzen Härte kennen. Wer alles wissen will, der muß auch alles aushalten können.

Die Theologen haben immer wieder darüber nachgedacht, was denn Sünde eigentlich ist. Sie haben viele Antworten gefunden. Augustinus zum Beispiel sagte: Der Mensch ist stolz und hochmütig und gierig, alles zu haben und zu schaffen. Weil er in dieser Gier nur sich selbst im Blick hat, hat der Mensch Gott aus den Augen verloren. Und das, so sagt Augustinus, gilt für jeden, ohne Ausnahme. Man könnte sagen: Wir alle laufen mit geballter Faust herum oder mit einer raffgierig geöffneten Hand, die zugreift, wo es nur geht. Kein Wunder, daß vieles von dem kaputtgeht, was wir anpacken. Weshalb sich die Menschen zu allen Zeiten danach gesehnt haben, daß es so sei wie im Paradies: ohne Anstrengung, ohne falsche Illusionen und ohne die brennende Gier im Herzen, die uns vorwärtstreibt. Das Händefalten beim Gebet ist Ausdruck dieser Sehnsucht: Wer seine Hände faltet, der kann nichts raffen. Der bleibt ruhig und überläßt sich ganz Gott.

Und mit diesem letzten Gedanken sind wir bei Maria angekommen. Denn sie hat genau das getan: Sie hat sich Gott ganz überlassen und nichts für sich selbst gewollt. Davon erzählt die Bibel:

Im sechsten Monat wurde der Engel Gabriel von Gott in eine Stadt in Galiläa namens Nazareth zu einer Jungfrau gesandt. Sie war mit einem Mann namens Joseph verlobt, der aus dem Haus David stammte. Der Name der Jungfrau war Maria. Der Engel trat bei ihr ein und sagte: Sei gegrüßt, du Begnadete, der Herr ist mit dir. Sie erschrak über die Anrede und überlegte, was dieser Gruß zu bedeuten habe. Da sagte der Engel zu ihr: Fürchte dich nicht, Maria; denn du hast bei Gott Gnade gefunden. Du wirst ein Kind empfangen, einen Sohn wirst du gebären: dem sollst du den Namen Jesus geben. Er wird groß sein und Sohn des Höchsten genannt werden. Gott, der Herr, wird ihm den Thron seines Vaters David geben. Er wird über das Haus Jakob in Ewigkeit herrschen, und seine Herrschaft wird kein Ende haben. Maria sagte zu dem Engel: Wie soll das geschehen, da ich keinen Mann erkenne? Der Engel antwortete ihr: Der Heilige Geist wird über dich kommen, und die Kraft des Höchsten wird dich überschatten. Deshalb wird auch das Kind heilig und Sohn Gottes genannt werden. Auch Elisabeth, deine Verwandte, hat noch in ihrem Alter einen Sohn empfangen; obwohl sie als unfruchtbar galt, ist sie jetzt schon im sechsten Monat. Denn für Gott ist nichts unmöglich. Da sagte Maria: Ich bin

die Magd des Herrn; mir geschehe, wie du es gesagt hast. Danach verließ sie der Engel.

(Lukas 1,26–38)

Der vorletzte Satz ist der wichtigste. Er zeigt: Maria macht genau das Gegenteil von dem, was Eva und Adam getan haben: Sie will nichts für sich haben, sie will nicht ihren eigenen Kopf durchsetzen. Deshalb nennt sie sich auch Gottes „Magd" – ein für uns Heutige etwas altmodischer Begriff. Sie nimmt Gottes Willen an. Und genau darin ist sie ein Mensch, so wie er einst gedacht war bei der Schöpfung – und wie er wieder werden wird, weil Christus in die Welt gekommen ist und sie mit Gott versöhnt hat. Das ist es, was mit „Makellosigkeit" gemeint ist.

Gebet

Lieber Gott,
in Maria hast du uns einen Menschen vor Augen geführt,
der frei ist von allen schlechten Eigenschaften,
die so typisch menschlich sind.
An ihr können wir sehen,
wie wir gewollt sind bis heute.
Wir danken dir für diese Frau.
Sie ermutigt uns,
das Ziel nicht aus den Augen zu verlieren:
die Gemeinschaft mit dir
durch Jesus Christus, deinen Sohn.

Amen

Maria durch ein' Dornwald ging

1. Ma - ri - a durch ein Dorn - wald ging, ky - rie e - lei - son, Ma - ri - a durch ein Dorn - wald ging, der hat in sieb'n Jahr kein Laub ge-trag'n. Je - sus und Ma - ri - a.

2. Was trug Maria unter ihrem Herzen, Kyrie eleison,
ein kleines Kindlein ohne Schmerzen,
das trug Maria unter ihrem Herzen.
Jesus und Maria.

3. Da haben die Dornen Rosen getragen, Kyrie eleison,
als das Kindlein durch den Wald getragen,
da haben die Dornen Rosen getragen.
Jesus und Maria.

(Text und Musik: volkstümlich aus dem Eichsfeld, 16. Jahrhundert)

Märchen vom Muttergottesgläschen

Es hatte einmal ein Fuhrmann seinen Karren, der mit Wein schwer beladen war, festgefahren, so daß er ihn trotz aller Mühe nicht wieder losbringen konnte. Nun kam gerade die Mutter Gottes des Weges daher, und als sie die Not des armen Mannes sah, sprach sie zu ihm: „Ich bin müd und durstig, gib mir ein Glas Wein, und ich will dir deinen Wagen frei machen." „Gerne", antwortete der Fuhrmann, „aber ich habe kein Glas, worin ich dir den Wein geben könnte." Da

brach die Mutter Gottes ein weißes Blümchen mit roten Streifen ab, das Feldwinde heißt und einem Glase sehr ähnlich sieht, und reichte es dem Fuhrmann. Er füllte es mit Wein, und die Mutter Gottes trank ihn, und in dem Augenblick ward der Wagen frei und der Fuhrmann konnte weiterfahren. Das Blümchen heißt noch immer Muttergottesgläschen.

(Gebrüder Grimm)

Der Christstollen

An vielen Orten begann einst mit dem heutigen Tag und nicht eine Minute eher die Zeit der Weihnachtsbäckerei. Plätzchen und Christstollen wurden jetzt geknetet, gerollt, gebacken – und verbreiteten köstlichen Duft …

Die Entstehung des Christstollens verdanken wir einem Handel zwischen dem Bischof und den Bäckern von Naumburg. Der Bischof verlieh den Bäckern im Jahr 1329 besondere Vorrechte. Dafür verlangte er pro Jahr zwei lange Brote – „Stollen" genannt. Sie schmeckten damals allerdings nicht so gut wie unsere heutigen, bestanden sie doch hauptsächlich aus Mehl, Hefe und Wasser. Butter war verboten – im

Advent herrschte Fastenzeit. Höchstens Öl wäre erlaubt gewesen, aber zur Verfügung stand damals nur Rübenöl, und das ging nun wirklich nicht. Im Jahr 1450 richteten Kurfürst Ernst von Sachsen und sein Bruder Albrecht daher die Bitte an Papst Nikolaus V., daß trotz Advents mit Butter gebacken werden dürfe. Eine Antwort kam im Jahr 1491 in Gestalt des sogenannten „Butterbriefs": Papst Innozenz VIII. erteilte die gewünschte Erlaubnis. Zur Buße für dieses Fastenbrechen solle Geld für den Bau des Freiberger Doms gestiftet werden …

1474 wurde erstmals ein „Striezel", wie der Stollen damals hieß, aktenkundig: auf einer Rechnung des Dresdner Bartholomäus-Hospitals an den kurfürstlichen Hof. Um 1500 verkaufte man auf dem Dresdner Striezelmarkt „Christbrote uff Weihnachten". Von den Striezeln hat dieser älteste deutsche Weihnachtsmarkt auch seinen Namen.

Dem sächsischen Landesherrn stand natürlich immer etwas von den Stollen zu. Und so ließ sich August der Starke im Frühsommer 1730 für sein legendäres „Zeithainer Lager", ein militärisches Manöver mit anschließendem üppigem Fest, einen Stollen backen, der 1,8 Tonnen schwer war. Bäckermeister Zacharias und 60 Gesellen buken dieses Ungetüm in einem eigens dafür konstruierten Ofen. Acht Pferde zogen den Wagen, auf dem das Gebäck lag, 24 000 Gäste sollen davon gegessen haben. In Erinnerung daran feiern die Dresdner am Samstag vor dem zweiten Advent ihr Stollenfest.

Woher aber stammt der Name des Weihnachtsbrotes? „Striezel" ist seine schlesisch-lausitzische Bezeichnung. Ein Stollen aber ist ursprünglich ein waagerechter Gang im Bergwerk, wobei dieser Begriff vom althochdeutschen „stollo" herkommt, und das bedeutet „Pfosten". Vermutlich erhielt das Gebäck wegen seines kompakten Äußeren diesen Namen. Doch die Form hat auch noch eine zweite Bedeutung: Der Stollen soll das in Windeln gewickelte Christkind darstellen. Daher wird er meist auch weiß überzuckert.

Quarkstollen

Etwas weniger kalorienreich, aber nicht weniger schmackhaft als der „echte" Dresdner, ist dieser Quarkstollen.

Das brauchen wir:
(für die große Backhaube)

550 g Mehl
1 Backpulver
1 Vanillezucker
175 g Zucker
2 TL Stollengewürz
2 Eier
250 g trockenen Magerquark
200 g Butter
1 EL Rum oder
10–15 Tr. Rumaroma
Saft und ger. Schale von
½ unbehandelten Zitrone
200 g Rosinen
125 g gehackte Mandeln
75 g Zitronat
75 g Orangeat
1 Prise Salz

So wird's gemacht:
Butter, Eier und Zucker schaumig rühren. Rum, Zitronensaft und geriebene Schale hinzufügen. Mehl und Backpulver mischen, durchsieben, hinzugeben. Anschließend mit der Hand alle anderen Zutaten untermischen. In die Stollenhaube füllen und im vorgeheizten Ofen eine Stunde lang bei 175 ° backen. Für die letzten 10 Minuten eine Schiene höher stellen und die Haube abnehmen. Nach dem Backen mit heißer Butter bestreichen. Wenn der Stollen abgekühlt ist, den Puderzucker darüberstreuen.

Tip:
Den Stollen bewahren Sie am besten in Alufolie und kühl gelagert auf. Im Unterschied übrigens zu anderen Weihnachtsplätzchen: Die halten sich am besten in gut schließenden Blechdosen. Wenn die verschiedenen Sorten noch dazu getrennt aufbewahrt werden, gehen starke Aromen wie zum Beispiel Kardamom nicht auf die anderen Kekse über. Wieder anders sollten Sirup-, Pfeffer- und Honigkuchen gelagert werden: Sie brauchen Luft und vertragen deshalb offene Dosen am besten. Oblatenlebkuchen heben Sie am günstigsten im Frischhaltebeutel und im Brotkasten auf.

Und zum Kaffee …

Ein schönes Mitbringsel zum Advent und ein Schmuck für den eigenen Kaffeetisch sind selbstbemalte Kaffee- oder Espresso-tassen, zum Beispiel im orientalischen Stil. Mit Hochglanzlack-farbe für Porzellan aus dem Bastelgeschäft geht das ganz einfach. Und nachdem die Plätzchen fertig sind, ist der Ofen zum Einbrennen der Farben ja frei. Es gibt mittlerweile auch schon Porzellanfarbe, die nicht mehr eingebrannt werden muß – fragen Sie beim Kauf genau nach und beachten Sie die Produktinformation.

Die Lichtbringerin

*An diesem Tag wird alles hell. Lucia
erleuchtet unsere Herzen.
Wir hören ihre Geschichte, wir singen ihr Lied.
Danke, Lucia*

Eine mutige junge Frau

Ganz unten im Süden Italiens, an der Südspitze, liegt die Insel Sizilien. Hier lebte vor vielen hundert Jahren ein junges Mädchen namens Lucia. Ihr Schicksal hat uns einen besonders schönen Weihnachtsbrauch geschenkt. Er wird vor allem hoch im Norden, in Schweden, begangen – weshalb man Lucia eigentlich eine echte europäische Heilige nennen könnte.

Lucia ist um 286 n. Chr. geboren worden und war in der Stadt Syrakus zu Hause. Nach allem, was wir wissen, waren ihre Eltern recht wohlhabend. Lucia allerdings ging einen anderen Weg, als ihre Eltern gedacht hatten. Schon als Kind interessierte sie sich für das Christentum. Das aber war damals nicht anerkannt, sondern im Gegenteil streng verboten. Kaiser Diokletian im fernen Rom wollte, daß die alten römischen Götter verehrt würden. Ihnen sollten sämtliche Untertanen Opfer darbringen. Für die Christen war das Gotteslästerung und deshalb unmöglich. Sie mußten sich heimlich treffen und schwebten immer in Gefahr.

Lucia aber wollte zu diesen Menschen gehören, die so tief daran glaubten, daß 300 Jahre zuvor Gott seinen Sohn in die Welt gesandt hatte, um uns zu erlösen. Insgeheim schwor sie, ihr Leben Gott zu weihen, so wie es heute die Ordensschwestern tun.

Ihre Mutter Eutychia allerdings wollte davon nichts wissen. Lucia sollte einen vornehmen jungen Mann heiraten – und der war natürlich nicht Christ. Lucia schaffte es, die Verlobungsfeier immer weiter hinauszuzögern. Sie wollte nicht heiraten, niemals. Sie war Christin und wollte nur für Gott leben. Dann geschah ein Wunder. Lucias Mutter erkrankte schwer, und ihre Tochter überredete sie zu einer Pilgerfahrt in die Stadt Catania, zum Grab der hl. Agatha. Das war eine christliche Märtyrerin.

Am Grab der Heiligen schlief Lucia ein und hatte eine merkwürdigen Traum. Darin erschien ihr Agatha und sagte: „Warum bittest du mich, deine Mutter zu heilen? Sie ist gesund geworden – durch deinen eigenen

Glauben!" Lucia erwachte, und tatsächlich war ihre Mutter geheilt. Von nun an war Eutychia ebenfalls gläubig. Sie gab der Tochter ihr Erbe, und diese half damit den Armen und Kranken in der Stadt. Auch die Christen suchte Lucia an deren unterirdischen Treffpunkten, den Katakomben, auf. Man erzählt sich, daß sie sich einen geflochtenen Kranz mit brennenden Kerzen ins Haar steckte, damit sie im Dunkel der Katakomben den Weg fand und beide Hände frei hatte, um den Verfolgten Essen zu bringen.

Ihr Bräutigam ahnte von all dem nichts. Er sah nur, wie das Vermögen immer kleiner wurde, und das machte ihn mißtrauisch. „Sie verkauft es, um etwas Größeres dafür zu kaufen", hatte Lucias Amme ihm versichert. Als aber das ganze Geld weg war, da wurde ihm alles klar. Wütend schleifte er Lucia vor den Richter Paschasius und sagte ihm, daß seine einstige Braut Christin sei – ein Staatsverbrechen.

Paschasius verhörte Lucia streng. Sie gab ihm sehr mutige Antworten und stand zu ihrem Glauben. Dann forderte der Richter sie auf, den römischen Göttern zu opfern. Lucia weigerte sich und sagte: „Das Opfer, das Gott möchte, besteht darin, den Armen zu helfen." Sie war einfach nicht kleinzukriegen.

So viel Standhaftigkeit machte den Paschasius rasend vor Wut. Er merkte, daß er nicht mehr weiterkam, und versuchte es mit Gewalt. Er ließ Männer rufen, die Lucia in die kriminellen Viertel der Stadt bringen sollten. Doch wieder geschah ein Wunder: Lucia wurde auf einmal so schwer, daß die Männer sie nicht einen Millimeter vom Fleck weg bewegen konnten. Sie holten Ochsen zur Hilfe, aber auch das nützte nichts.

Paschasius beschloß, die Situation an Ort und Stelle zu beenden. Er ließ rings um Lucia Feuer anzünden und überschüttete sie mit Pech und brennbaren Flüssigkeiten. Das Feuer jedoch hielt sich von Lucia fern. Da erteilte der Richter seinen Soldaten wutentbrannt den Befehl, zum Schwert zu greifen ... Lucia starb. Doch bevor sie die Augen schloß, prophezeite sie, daß die Christen schon bald im Römischen Reich in Frieden würden leben können. Und so geschah es auch. Wenige Jahre nach ihrem Tod erlaubte der neue Kaiser Galerius den Christen, ihren Glauben offen zu zeigen.

Lucia aber wurde schon bald in ganz Sizilien und darüber hinaus verehrt. Legenden bildeten sich, die weitere mutige Taten von ihr berichteten. Sie gilt als Schutzpatronin der Armen, der Blinden, der kranken Kinder und unzähliger Berufe. Über ihrem Grab in den Katakomben von Syrakus baute man eine Kirche, die ihren Namen erhielt.

Gebet

Herr, unser Gott,
heute ist Lucia-Tag.
Wir kennen die Geschichte dieser mutigen jungen Frau.
Ohne Furcht hat sie zu ihrem Glauben gestanden.
Sie hat anderen Menschen das Licht gebracht,
das Licht des Glaubens und der Liebe.
Hilf uns, daß wir nach ihrem Beispiel leben,
daß wir dein Licht in die Welt tragen.
Darum bitten wir dich durch Jesus Christus.

Amen

Licht-Schiffchen

Das brauchen wir:
ca. 10 halbe Walnußschalen
Silber- oder Goldlack (als
Stift oder flüssig zum Auf-
pinseln)
kleine Kerzen oder Kerzen-
stummel

So wird's gemacht:

Die Walnußschalen lackieren,
trocknen lassen. Die Kerzen
am Fuß anschmelzen und in
die Schalen drücken, so daß
sie möglichst aufrecht stehen.
Nußschalen mit den Kerzen
in eine dekorative, wasser-
gefüllte Schüssel setzen, die
Kerzen anzünden. Durch die
Wärme bewegen sich die Licht-
Schiffchen wie von selbst
auf dem Wasser.

Überall wird das Dunkel hell

Lucia trägt das Licht in ihrem Namen: „Lux" bedeutet „Licht" auf lateinisch. Ihren Glaubensgeschwistern in den Katakomben von Syrakus brachte sie einst Hilfe mit einem Lichterkranz im Haar. Mit einer Lampe wird sie in der Kunst oft dargestellt. Heute feiern die Menschen sie in vielen Ländern als Lichtbringerin.

Ihr Tag ist der 13. Dezember, und das hat seinen Grund. Bevor nämlich im Jahr 1582 der heute geltende Gregorianische Kalender eingeführt wurde, fiel der 13. Dezember auf die Wintersonnwende, auf den kürzesten Tag im Jahr. An diesem Tag, an dem es so ewig dunkel war, gedachte man voller Dankbarkeit der sizilianischen Lichtbringerin, um wieder Mut zu schöpfen.

Jahrhundertelang wurden in Italien die Kinder am 13. Dezember beschert. Noch heute kocht man in Lucias Heimat einen Brei aus Zucker und Kichererbsen, um an das Essen zu erinnern, das die Heilige den Armen schenkte. In Ungarn, in Serbien und auch in Süddeutschland schneidet man am Lucia-Tag Kirschzweige und stellt sie in eine Vase. Wenn sie nach vier Wochen blühen, dann wird es ein glückliches Jahr werden.

Wieder anders feiern die Schweden. In ihrer Heimat dauert der Winter sehr lange, sie warten besonders sehnsüchtig auf das Licht. In der längsten Nacht der Wintersonnwende, so sagen sie seit alters her, brauchen Menschen und Tiere viel Stärkung. Daraus haben sie einen schönen Brauch gemacht. Am Morgen des 13. Dezember spielt in jeder Familie die älteste Tochter die Rolle der Lucia-Braut. In einem weißen Kleid mit roter Schärpe um die Taille, einen Kranz aus Preiselbeerzweigen mit Kerzen im Haar, weckt sie am frühen Morgen die Eltern und Geschwister. Sie bringt ihnen Kaffee und Kakao, Pfefferkuchen und Safrangebäck mit dem geheimnisvollen Namen „Lussekatter – Lucia-Katzen". Die Lichter in ihrem Haar strahlen, das Gebäck duftet verführerisch und schmeckt köstlich – und alle wissen: Jetzt ist Weihnachten nicht mehr weit. An diesem Tag sind in Schweden möglichst alle Menschen gut gelaunt und freundlich zueinander. In den Bussen und Straßenbahnen wünschen sie sich ein schönes Lucia-Fest. Überall in den Büros und Betrieben besucht eine Lucia die Arbeitenden, begleitet von weißgekleideten Mädchen und von Jungen, die sternenverzierte Hüte tragen. Das sind die Sternsinger. In manchen Städten finden sogar Lucia-Prozessionen statt.

Lucialied

1. Dun-kel-heit liegt so schwer auf al-lem Le-ben. Son-ne, die scheint nicht mehr. Nacht-schat-ten schwe-ben. Durch dunk-le Stub' und Stall schrei-tet im Lich-ter-strahl San-cta Lu - ci - a, San-cta Lu-ci - a. San-cta Lu-ci - a.

2. Nacht war so groß und stumm, nun hört ein Brausen
ums stille Haus herum wie Flügelrauschen.
Seht dort, wie wunderbar, kommt her mit Licht im Haar
Sancta Lucia, Sancta Lucia.

3. Bald flieht die Dunkelheit aus dieser Welt.
Bald steigt dieser Tag erneut vom Himmelszelt.
Welch wunderbarer Geist, der uns dies Licht verheißt;
Sancta Lucia, Sancta Lucia.

(Text: Arvid Rosén, 1928, Übersetzung: dt. Volksgut;
Musik: Teodoro Cottrau, 1827–1879)

Lussekatter

Das brauchen wir:
(für 25 bis 30 Stück)

125 g Butter
300 ml Milch
¼ TL Safran
1 EL Trockenhefe
150 g Zucker
700 g Mehl
1 Ei (zimmerwarm)
Rosinen
Salz

So wird's gemacht:
Butter, Milch und Safran zusammen erhitzen, bis die Mischung Körpertemperatur erreicht hat. Mit der Hefe bestreuen, 3 Minuten stehenlassen, dann mit Zucker und Mehl zu einem geschmeidigen Hefeteig verarbeiten. Teig zugedeckt an einem warmen Platz eine halbe Stunde gehenlassen. Gut durchkneten, dann zu 25 bis 30 kleinen Bällchen formen und diese zugedeckt für ein paar Minuten stehenlassen. Bällchen zu 20 cm langen Würsten ausrollen und Figuren formen: eine 8 oder ein doppeltes S. Wichtig ist, daß sich die Enden treffen. Rosinen in den Teig drücken, die „Katzen" mit einem feuchten Tuch zudecken und 40 Minuten gehenlassen. Eine Prise Salz in das Ei schlagen und die Katzen damit bestreichen. Im vorgeheizten Herd (250 °) 5 bis 10 Minuten backen, bis sie goldgelb sind.

Die O-Antiphonen

Die letzten Tage im Advent

*Wir bitten um die Ankunft des Erlösers
mit den Worten des Alten Testaments*

Sieben Ehrennamen

Heute brechen die letzten Tage des Advents an. Vom 17. bis zum 23. Dezember rückt immer mehr die Erwartung des Messias in den Mittelpunkt. Früher läuteten an manchen Orten alle Kirchenglocken „das Christkind ein". In den Stundengebeten und Messen, aber auch in den privaten Andachten beten wir jetzt die O-Antiphonen.

Das Wort „Antiphon" kommt aus dem Griechischen und bedeutete ursprünglich „Wechselgesang". In der Kirche sind Antiphonen die Refrains, die den Psalmengesang einleiten und zwischen den einzelnen Versen wiederholt werden.

Die O-Antiphonen heißen so, weil sie alle mit dem Anruf „O" beginnen. Im Deutschen kann man sie statt dessen auch mit „Du" beginnen, auch das ist ja eine Anrede.

Vom 17. bis 23. September gilt für jeden Tag eine andere Antiphon, sieben sind es insgesamt. Jede der sieben enthält einen Ehrentitel, mit dem der Messias im Alten Testament beschrieben wird. Der Reihenfolge nach sind dies:

17. Dezember: Weisheit (O Sapientia)

Die Weisheit steht für die Schönheit und Ordnung von Gottes Schöpfung. Sie wird im Alten Testament als ordnende und segnende Kraft geschildert, manchmal sogar als Person. Sie inspiriert die Propheten und frommen Menschen. Jesus kommt als Weisheit Gottes segnend in die Welt.

DU WEISHEIT aus dem Mund des Höchsten,
die Anfang und Ende umfaßt,
und alles mit Kraft und Milde durchwaltet,
komm, zeig uns den Weg der Einsicht!

*Die Weisheit ist der Widerschein des ewigen Lichts,
der ungetrübte Spiegel von Gottes Kraft,*

das Bild seiner Vollkommenheit.
Sie ist nur eine und vermag doch alles;
ohne sich zu ändern, erneuert sie alles.
Von Geschlecht zu Geschlecht tritt sie in heilige Seelen ein
und schafft Freunde Gottes und Propheten;
denn Gott liebt nur den, der mit der Weisheit zusammenwohnt.
Sie ist schöner als die Sonne.

(Weisheit 7,26–29)

18. Dezember: Herr, du starker Gott (O Adonai)

Gott ist der Herr seines Volkes – auf hebräisch „Adonai". Er hat seine Stärke immer wieder offenbart. So ist auch der Messias der starke Herr, auf den das Volk hofft.

HERR, DU STARKER GOTT,
Führer des Hauses Israel,
Du bist dem Moses im Feuer des Dornbusches erschienen
und hast ihm auf dem Sinai das Gesetz gegeben.
Komm, rette uns mit hocherhobenem Arm!

Der Herr wird dir Gutes tun, wenn du auf die Stimme des Herrn, deines Gottes, hörst und auf seine Gebote und Gesetze achtest. Dieses Gebot, auf das ich dich heute verpflichte, geht nicht über deine Kraft und ist nicht fern von dir. Nein, das Wort ist ganz nah bei dir, es ist in deinem Mund und in deinem Herzen.

(Deuteronomium 30,10.11.14)

19. Dezember: Wurzel Jesse (O radix Iesse)

Jesse oder auch Isai ist der Vater Davids gewesen. Der Prophet Jesaja kündigt den Messias als Sproß aus der Familie Isais an. Weil der Messias aus dem Hause des Königs David kommen wird, ist er ein Nachfahre Isais.

DU SPROSS AUS ISAIS WURZEL
und Bannerzeichen der Völker,
Könige verstummen vor dir,
zu dir flehen die Völker.
Zögere nicht länger,
komm und befreie uns!

An jenem Tag wird es der Sproß aus der Wurzel Isais sein, der dasteht als Zeichen für die Nationen; die Völker suchen ihn auf; sein Wohnsitz ist prächtig. Er stellt für die Völker ein Zeichen auf, um die Versprengten Israels wieder zu sammeln, um die Zerstreuten Judas zusammenzuführen von den vier Enden der Erde.
(Jesaja 11,10.12)

20. Dezember: Schlüssel Davids (O clavis David)

Auch hier wird wieder auf das Haus Davids Bezug genommen. Der „Schlüssel", der aus diesem Haus kommen wird, wird die Menschen befreien. Und das Zepter zeigt: Der Erwartete wird ein Herrscher sein.

DU SCHLÜSSEL DAVIDS
und Zepter des Hauses Israel.
Du öffnest, und niemand schließt,
du schließt, und niemand öffnet.
Komm und befreie die Gefangenen,
die im Kerker sitzen,
in Finsternis und im Schatten des Todes.

Ich lege ihm den Schlüssel des Hauses David auf die Schulter. Wenn er öffnet, kann niemand schließen; wenn er schließt, kann niemand öffnen. Ich schlage ihn an einer festen Stelle als Pflock ein. So spricht der Herr: ... Ich habe dich geschaffen, den Gefangenen zu sagen: Kommt heraus, und denen, die in der Finsternis sind: Kommt ans Licht!
(Jesaja 22,22–23; 49,8–9)

21. Dezember: Aufgang (O Oriens)

Mit dem Messias wird die Morgensonne der Gerechtigkeit aufgehen. Wie schon die vorigen Worte sind auch diese an das Volk Israel gerichtet, das im Babylonischen Exil leidet. Doch in der Erwartung des Messias hat man diese Worte von der konkreten geschichtlichen Situation gelöst und zu allen Zeiten als Inbegriff des Hoffens auf Erlösung verstanden.

DU AUFGANG,
Glanz des ewigen Lichts
und Sonne der Gerechtigkeit.
Komm und bring denen Licht,
die in Finsternis sitzen und im Schatten des Todes.

*Ich, der Herr, habe dich aus Gerechtigkeit gerufen,
ich fasse dich an der Hand.
Ich habe dich geschaffen und dazu bestimmt,
der Bund für mein Volk und das Licht für die Völker zu sein:
blinde Augen zu öffnen,
Gefangene aus dem Kerker zu holen
und alle, die im Dunkel sitzen,
aus ihrer Haft zu befreien.*

(Jesaja 42,6–7)

22. Dezember: König der Völker (O Rex gentium)

Der Erlöser wird nicht nur das Volk Israel befreien, sondern alle Völker
zu sich holen.

DU KÖNIG DER VÖLKER,
Sehnsucht aller Menschen,
Eckstein, der das Getrennte zusammenführt.
Komm und rette den Menschen,
den du aus Lehm geschaffen hast.

*Immer noch hatte ich die nächtlichen Visionen:
da kam mit den Wolken des Himmels
einer wie ein Menschensohn.
Er gelangte bis zu dem Hochbetagten
und wurde vor ihn geführt.
Ihm wurden Herrschaft, Würde und Königtum gegeben.
Alle Völker, Nationen und Sprachen müssen ihm dienen.
Seine Herrschaft ist eine ewige, unvergängliche Herrschaft.
Sein Reich geht niemals unter.*

(Daniel 7,13–14)

23. Dezember: Immanuel (O Emmanuel)

Dieser Name des Messias stammt wieder aus dem Jesajabuch. Wört-
lich bedeutet er „Gott mit uns".

IMMANUEL,
du unser König und Richter,
Sehnsucht der Völker und ihr Erlöser.
Komm und rette uns,
Herr, unser Gott!

Die Ausläufer seiner (des Eufrats) Fluten bedecken weit und breit dein Land,
Immanuel.
Tobt, ihr Völker, ihr werdet doch zerschmettert.
Horcht auf, ihr Enden der Erde!
Rüstet nur! Ihr werdet doch zerschmettert.
Macht nur Pläne! Sie werden vereitelt.
Was ihr auch sagt, es kommt nicht zustande.
Denn „Gott ist mit uns".
Denn uns ist ein Kind geboren,
ein Sohn ist uns geschenkt.
Die Herrschaft liegt auf seiner Schulter;
man nennt ihn: Wunderbarer Ratgeber, starker Gott,
Vater in Ewigkeit, Fürst des Friedens.
Seine Herrschaft ist groß, und der Friede hat kein Ende.

(Jesaja 8,8–10; 9,1.5–6)

1. O Weis-heit aus des Höch-sten Mund,
die du um-spannst des Welt-alls Rund und al-les lenkst
mit Kraft und Rat: komm, wei-se uns der Klug-heit Pfad.

2. O Adonai, du starker Gott, / du gabst dem Mose dein Gebot /
auf Sinai im Flammenschein: / streck aus den Arm, uns zu befrein.

3. O Wurzel Jesse, Jesu Christ, / ein Zeichen aller Welt du bist, /
das allen Völkern Heil verspricht: / eil uns zu Hilfe, säume nicht.

4. O Schlüssel Davids, dessen Kraft / uns kann entziehn der ewgen
Haft: / komm, führ uns aus des Todes Nacht, / wohin die Sünde
uns gebracht.

5. O Aufgang, Glanz der Ewigkeit, / du Sonne der Gerechtigkeit: /
erleuchte doch mit deiner Pracht / die Finsternis und Todesnacht.

6. O König, Sehnsucht aller Welt, / du Eckstein, der sie eint und hält: /
o komm zu uns, o Herrscher mild, / und rette uns, dein Ebenbild.

7. O „Gott mit uns", Immanuel / du Fürst des Hauses Israel, /
o Hoffnung aller Völker du: / komm, führ uns deinem Frieden zu.

(Text: nach Heinrich Bone, 1847;
Musik: Andernacher Gesangbuch, Köln 1608)

Herbergssuche

In diesen letzten Tagen des Advents haben die Menschen zu allen Zeiten daran gedacht, daß Maria und Joseph in Bethlehem von Haus zu Haus irrten und vergeblich nach einer Herberge suchten. Beschämt sehen wir sie an die Türen klopfen und um ein Lager bitten. Und die Hausbewohner, um ihre Bequemlichkeit besorgt oder mit anderen Dingen beschäftigt, weisen sie ab. Die Stadt ist so überfüllt in diesen Tagen, wegen der Volkszählung. Da hat jeder genug zu tun …

Wie hätten wir wohl an ihrer Stelle geantwortet? Halt, Vorsicht, nicht so schnell antworten! Auch wir hätten ja nicht gewußt, was es für Leute sind, die da ein Ruheplätzchen suchen. Im Nachhinein läßt sich leicht sagen, wir hätten sie aufgenommen. Wirklich?

Aus dem Nachdenken über diese Frage ist vor vielen Jahrhunderten das Spiel der Herbergssuche entstanden. In den Tagen vor Weihnachten zogen junge Leute von Haus zu Haus und sangen ein Herbergslied. Auf diese Weise versetzten sich die Menschen in die Ereignisse vor Jesu Geburt hinein.

An manchen Orten war eine besondere Form der Herbergssuche üblich: das Frautragen. Ein Bild oder eine Staue der schwangeren Maria wurde von einem Haus ins andere getragen und war so jeweils für einen Abend und eine Nacht bei einer Familie zu Gast. Manche Gemeinden haben in heutiger Zeit das Frautragen als guten Brauch wieder belebt. Familien, die daran teilnehmen wollen, können sich anmelden und können dann bei sich daheim in einer privaten Andacht, vielleicht gemeinsam mit Freunden, über das Wunder der Menschwerdung durch die Geburt Jesu nachsinnen.

Kling, Glöckchen, klingelingeling

1. Kling, Glöck-chen, klin-ge-lin-ge-ling, kling, Glöck-chen,

kling! Laßt mich ein, ihr Kin - der, ist so kalt der Win - ter,

öff - net mir die Tü - ren, laßt mich nicht er - frie - ren.

Kling, Glöck-chen, klin-ge-lin-ge-ling, kling, Glöck-chen, kling!

2. Kling, Glöckchen, klingelingeling, kling, Glöckchen, kling!
Mädchen, hört, und Bübchen, macht mir auf das Stübchen,
bring euch viele Gaben, sollt euch dran erlaben.
Kling, Glöckchen, klingelingeling, kling, Glöckchen, kling!

3. Kling, Glöckchen, klingelingeling, kling, Glöckchen, kling!
Hell erglühn die Kerzen, öffnet mir die Herzen,
will drin wohnen fröhlich, frommes Kind, wie selig.
Kling, Glöckchen, klingelingeling, kling, Glöckchen, kling!

(Text: Karl Enslin, 1814–1875; Musik: volkstümlich)

Heiligabend und Weihnachtstag

Das Hochfest der Geburt des Herrn

Jetzt erfüllt sich die Hoffnung:
Gott kommt in seinem Sohn in die Welt.
Er wird Mensch, damit wir nicht länger von ihm getrennt sind

Die Weihnachtsgeschichte nach Lukas (1)

In jenen Tagen erließ Kaiser Augustus den Befehl, alle Bewohner des Reiches in Steuerlisten einzutragen. Dies geschah zum ersten Mal; damals war Quirinius Statthalter von Syrien. Da ging jeder in seine Stadt, um sich eintragen zu lassen. So zog auch Joseph von der Stadt Nazareth in Galiläa hinauf nach Judäa in die Stadt Davids, die Bethlehem heißt; denn er war aus dem Haus und Geschlecht Davids. Er wollte sich eintragen lassen mit Maria, seiner Verlobten, die ein Kind erwartete. Als sie dort waren, kam für Maria die Zeit ihrer Niederkunft, und sie gebar ihren Sohn, den Erstgeborenen. Sie wickelte ihn in Windeln und legte ihn in eine Krippe, weil in der Herberge kein Platz für sie war.

(Lukas 2,1–7)

Gebet

Herr Jesus Christus,
heute feiern wir deine Ankunft in der Welt.
An der Krippe stehen wir
und erkennen in der Niedrigkeit deiner Geburt:
Du bist Mensch geworden,
aber du bist frei von Eigennutz und Stolz,
von all dem, was uns von Gott trennt.
Du willst nichts für dich selbst,
du bringst uns Gottes Liebe,
Du versöhnst uns mit ihm.
Dieses Geschenk ist das größte.
Und es gilt allen Menschen, ohne Ausnahme.
Wir danken dir für dieses Weihnachtsfest,
für die Menschen, mit denen wir es gemeinsam feiern.
Für die schönen Stunden,
die Geschenke, die wir uns gegenseitig machen.
Wir danken dir für diesen Moment an der Krippe.
Er soll uns fröhlich und stark machen,
damit wir in Worten und in Taten die Liebe weitergeben,
die wir heute erfahren.

Amen

Eine heilige Nacht

Wir wissen es nicht: Ist wirklich die Nacht auf den 25. Dezember die Geburtsnacht Jesu gewesen? Vielleicht wurde dieses Datum auch ausgewählt, weil an ihm in vorchristlicher Zeit die Geburt der unbesiegbaren Sonne gefeiert worden war: Nicht die Sonne, sondern Christus ist das wahre Licht der Welt. Ab dem 4. Jahrhundert ist in Rom Jesu Geburt am 25. Dezember gefeiert worden. Die östliche Kirche ihrerseits hat eine Zeitlang den 6. Januar, Epiphanie, als Geburtstag Jesu begangen.

Aber das Wesentliche hängt ohnehin nicht am Datum. Wichtig ist, was an diesem Tag gefeiert wird: daß Gott Mensch geworden ist – für uns. Mit drei Messen begeht die römische Liturgie dieses Ereignis: am

Tag des 25. Dezember, am Morgen dieses Tages und in der voraufgehenden Nacht. „Weihnachten" – dieses Wort kommt ja von den „wîhen nahten – den geweihten Nächten", wie der bayerische Spruchdichter Spervogel 1170 die Nacht auf den 25. Dezember nannte.

Die dritte Messe, die Christmette, ist für viele Menschen zum Höhepunkt des Weihnachtsfestes geworden. Die nächtliche Feier, in der das Dunkel durch die Kerzen und den Stern erhellt wird, besitzt eine tiefe Symbolik – ebenso wie die Osternacht: In der Feier von Christmette und Ostermette wachen die Gläubigen, um die Ankunft des Herrn mitzuerleben, so wie im Gleichnis die klugen Jungfrauen warten (Matthäus 25).

Gerade deshalb gehört wohl auch das Lied „Stille Nacht, heilige Nacht" untrennbar zum Heiligen Abend dazu. Es erklang erstmals im Jahr 1818 im Salzburger Land. Am Mittag des 24. Dezember übergab Joseph Mohr, Hilfspriester an St. Nicolai in Oberndorf, seinem Freund Franz Xaver Gruber ein Gedicht und bat ihn, dazu die passende Melodie zu komponieren. Gruber war Lehrer im benachbarten Arnsdorf und gleichzeitig Organist. Joseph Mohr wünschte sich eine Melodie, die für zwei Solostimmen mit Chor und Gitarrenbegleitung geeignet war – was darauf schließen läßt, daß es mit der Oberndorfer Orgel nicht zum besten stand ...

Das Lied wurde erstmals zur Christnacht in Oberndorf gesungen – und dabei blieb es zunächst. Bis sieben Jahre später der Orgelbauer Karl Mauracher aus dem Zillertal die Orgel restaurierte und dabei das Lied von der Heiligen Nacht kennenlernte. Er war so angetan davon, daß er es ins Zillertal mitbrachte. Die dortige Handschuhmacherfamilie Strasser nahm es dann vermutlich 1831 mit nach Leipzig, wo sie auf dem Weihnachtsmarkt ihre Waren verkaufte. Von Leipzig aus wurde die „Salzburger Volksweise", wie sie jetzt hieß, in ganz Deutschland und Europa bekannt. In die USA gelangte sie mit einer anderen musikalischen Zillertaler Familie, den Rainers. Dort aber, wo einst die Oberndorfer Kirche St. Nicolai stand, befindet sich heute eine „Stille Nacht"-Kapelle, zum Andenken an Joseph Mohr und Franz Xaver Gruber.

Stille Nacht, heilige Nacht

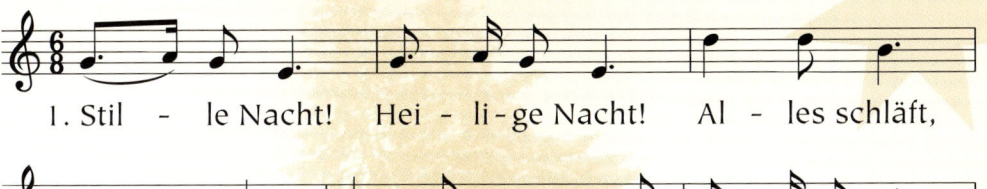

1. Stil - le Nacht! Hei - li - ge Nacht! Al - les schläft,

ein - sam wacht nur das trau - te hoch-hei - li - ge Paar.

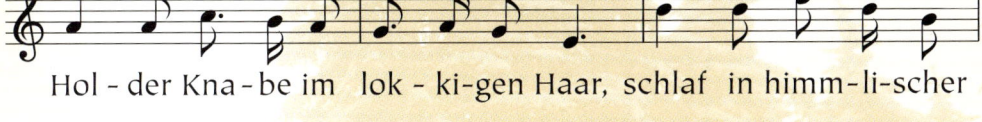

Hol - der Kna - be im lok - ki-gen Haar, schlaf in himm-li-scher

Ruh', schlaf in himm - li-scher Ruh'!

2. Stille Nacht, heilige Nacht! Gottes Sohn, o wie lacht
Lieb aus deinem göttlichen Mund, da uns schlägt die rettende
Stund: Christ, in deiner Geburt! Christ, in deiner Geburt!

3. Stille Nacht, heilige Nacht! Hirten erst kundgemacht;
durch der Engel Halleluja tönt es laut bei fern und nah:
Christ, der Retter, ist da! Christ, der Retter, ist da!

(Text: Joseph Mohr; Musik: Franz Xaver Gruber, am 24.12.1818)

Eine heilige Nacht

Schon früh hat die Weihnachtsgeschichte die Menschen zu künstlerischen Darstellungen und szenischen Spielen angeregt. Daraus sind unsere Krippenspiele entstanden. Sie tragen beides in sich: die bildliche Darstellung durch die Figuren, aber auch die Vergegenwärtigung durch das Spiel, das bis heute in vielen Kirchen vor allem für die Kinder ein Höhepunkt des Weihnachtsfestes ist.

Die westliche Kirche hat sich die Krippe stets in einem Stall vorgestellt, die östliche in einer Höhle, wie sie in Palästina bei schlechtem Wetter den Hirten und Herden als Unterschlupf dient. Die Grabeskirche in Bethlehem ist im 4. Jahrhundert über einer solchen Höhle erbaut und mit einer gemalten Geburtsszene geschmückt worden. Bald darauf gab es auch in Rom eine Krippenkapelle. Seit dem 5. Jahrhundert befindet sich an dieser Stelle die Kirche S. Maria Maggiore, in der unsere nächtliche Meßfeier vom 24. auf den 25. Dezember ihren Ursprung hat. Hier steht heute die älteste erhaltene Krippe der Welt mit dreidimensionalen, verstellbaren Figuren. Sie stammt von 1291 und stellt die Anbetung der Könige dar. Ihre Figuren sind aus Alabaster.

Zur Krippe gehören Figuren, von denen die Weihnachtsgeschichte im Neuen Testament nichts erzählt. Schon früh gab es aber Krippenbildnisse, auf denen Ochse und Esel zu sehen sind – folglich mußte es entsprechende Geschichten gegeben haben. Im 8. oder 9. Jahrhundert faßte das sogenannte „Pseudo-Matthäus-Evangelium" diese Geschichten zusammen und baute dabei Worte des Propheten Jesaja und aus der griechischen Übersetzung des Propheten Habakuk ein: „Am dritten Tag nach der Geburt unseres Herrn Jesus Christus trat die seligste Maria aus der Höhle, ging in einen Stall hinein und legte ihren Knaben in eine Krippe, und Ochs und Esel beteten ihn an. Da erfüllte sich, was durch den Propheten Jesaja verkündet worden ist, der sagt: Der Ochse kennt seinen Besitzer und der Esel die Krippe seines Herrn. So beteten sogar die Tiere, Ochs und Esel, ihn ständig an, während sie ihn zwischen sich hatten. Da erfüllte sich, was durch den Propheten Habakuk verkündet ist, der sagt: Zwischen zwei Tieren wirst du erkannt."

Unsere heutige Krippe verdanken wir vor allem Franz von Assisi. Er stellte 1223 in Greccio eine Szenerie mit lebenden Tieren und einer echten, mit Heu gefüllten Krippe auf und hielt hier die Weihnachtspredigt. Seit jener Zeit wurde es zunehmend üblich, in den Kirchen Krippen mit vielen Figuren aufzubauen und sie während des weihnachtlichen Festkreises immer wieder umzugruppieren – ein Brauch, der mit der Zeit auch nördlich der Alpen heimisch wurde. Die Krippen wie auch die Krippenspiele, die als geistliches Schauspiel aus den Wechselgesängen der Liturgie entstanden sind, wurden später vor allem von den Jesuiten sehr gefördert.

Zwar versuchten die Herrscher im 17., 18. und 19. Jahrhundert mehrfach, die Krippen zu verbieten. Aber die Menschen wollten sich dem nicht fügen – die Verbote mußten stets wieder aufgehoben werden. Im 19. Jahrhundert hielt die Krippe schließlich in die Wohnstuben der Familien Einzug, zuerst in katholischen, später auch in evangelischen Gegenden.

Im Aufbau der Krippe vergegenwärtigen wir uns das Kommen des Gottessohnes in diese Welt. Der Sinn der Krippe erschließt sich dabei schon aus ihrem Äußeren: Nicht ein vornehmes Lager, sondern ein zweckentfremdetes landwirtschaftliches Gebrauchsstück dient dem Sohn Gottes als erstes Bett. „Gott ist Mensch geworden" – das bedeutet, er hat sich mit aller Konsequenz in die Welt hineinbegeben. Es ist ernstgemeint.

Daß dieses Herabsteigen zu uns Menschen so arm mit der Krippe beginnt, hat schon immer die Phantasie angeregt – und fürsorgliche Gefühle geweckt. Gibt es doch beinahe nichts Hilfloseres als ein kleines, in Windeln gewickeltes Kind. So wurde das Jesuskind schon früh mit Windeln dargestellt. „Faschiniert – gewickelt" heißt das, von lateinisch „fascia – Binde". Im Volksmund wurden daraus die „Fatschenkinder" – Puppen, die bis zu den Schultern oder zum Hals in kostbare Stoffe eingewickelt waren. In vielen Klöstern, vor allem im oberbayerischen und Salzburger Raum, stärkten solche Fatschenkinder die Frömmigkeit der Nonnen. Daher kommt wohl auch der Brauch des Kindelwiegens: Zu Weihnachten wiegten die Nonnen die Jesuspuppen liebevoll wie lebendige Kinder. Von den Klöstern aus hielt das Kindelwiegen als Bestandteil der Krippenspiele auch in die Kirchen Einzug. Die Krippe war zur Wiege geworden und Jesus zu einem Kind, das zum Einschlafen gebracht werden soll. Wiegenlieder wie „Joseph, lieber Joseph mein, hilf mir wiegen mein Kindelein" haben hier ihren Ursprung. Kinder, die als Hirten verkleidet waren, tanzten um die Krippe und sangen dazu – ein Brauch, der heute wieder in vielen Pfarreien lebendig ist.

Doch bei aller Fürsorge für das Kind in der Krippe besteht Weihnachten nicht nur aus einem süßen Puppenspiel. Denn was so ärmlich in der Krippe beginnt, gipfelt im Leiden am Kreuz. Krippe und Kreuz, der Anfangs- und der Schlußpunkt von Jesu Erdendasein, gehören zusammen. Sie sind sozusagen aus dem gleichen Holz gemacht.

Aber auch hier endet die Geschichte nicht – es folgt die Auferweckung, in die wir einst mit hineingenommen werden. Sie steht als Hoffnung hinter dem Kreuz und auch schon hinter der Krippe. Das ist der wahre Grund der Weihnachtsfreude. Wir feiern Weihnachten, weil wir um Ostern wissen.

Und weil Gottes Kommen nicht nur die Menschen, sondern die gesamte Schöpfung erlöst, finden sich auch Tiere an der Krippe wieder. Man hat Ochse und Esel auf verschiedenste Weise als Stellvertreter der Juden und der Heiden gedeutet, die sich beide zu Christus bekehren sollen. Uns heute ist die Vorstellung der zutraulichen Tiere näher, die mit ihrem Atem dem Jesuskind ein wenig Wärme schenken.

Weil die ganze Schöpfung in Christus erlöst ist, glaubte man einst, die Tiere könnten in der Heiligen Nacht sprechen. Nicht selten wurde an der Stalltür gelauscht, um zu hören, was drinnen erzählt wurde. Noch heute legen in manchen Gegenden die Bauern, bevor sie in die Christmette gehen, Heu ins Freie. Aus der Kirche zurückgekehrt oder am kommenden Morgen, nachdem Tau darauf gefallen ist, geben sie dieses „Mettenheu" den Tieren zu fressen. Auch die Pflanzen wurden bedacht, Bäume zum Schutz vor Krankheiten beklopft, mit Stroh umwickelt oder mit den Schalen der an Weihnachten verspeisten Äpfel und Nüsse „geschatzt", damit sie im kommenden Jahr um so reichere Frucht trugen.

Diese Bräuche, mit denen man der Tiere und Pflanzen, also der „niedriger Stehenden" in der Schöpfung, gedachte, heißen vielerorts „Lüttenweihnacht", von „lütt – klein". Im Harz und in Vorpommern beispielsweise schmückt man noch heute im winterlichen Wald die Bäume mit Möhren und Äpfeln als Weihnachtsüberraschung für die Tiere. Besonders den Kindern macht dieser Brauch Spaß. Der Schriftsteller Hans Fallada hat in seiner gleichnamigen Weihnachtsgeschichte die „Lüttenweihnacht" geschildert: wie auf der vorpommerschen Halbinsel Wittow Bauernkinder ausziehen, um heimlich im Wald eine Tanne für die Pferde und Kühe zu besorgen. Wie sie dabei dem gefürchteten Förster begegnen und ganz überrascht feststellen, daß dieser rauhe Rotbart auch ein Tierweihnachten ausgerichtet hat: für die Wildgänse nämlich …

Ihr Kinderlein kommet

1. Ihr Kin - der - lein kom - met, o kom - met doch all'! Zur Krip - pe her kom - met in Beth - le-hems Stall. Und seht, was in die - ser hoch-hei - li - gen Nacht der Va - ter im Him - mel für Freu - de uns macht.

2. O seht die Krippe im nächtlichen Stall,
seht hier bei des Lichtleins hellglänzendem Strahl
in reinlichen Windeln das himmlische Kind,
viel schöner und holder, als Engel es sind.

3. Da liegt es, das Kindlein, auf Heu und auf Stroh.
Maria und Joseph betrachten es froh.
Die redlichen Hirten knien betend davor,
hoch oben schwebt jubelnd der Engelein Chor.

4. O beugt wie die Hirten anbetend die Knie,
erhebet die Händlein und danket wie sie.
Stimmt freudig, ihr Kinder – wer sollt sich nicht freun? –,
stimmt freudig zum Jubel der Engel mit ein!

(Text: Christoph Schmid, 1811;
Musik: Johann Abraham Peter Schulz, 1794)

Weihnacht im Walde

Wo die Zweige am dichtesten hangen,
die Wege am tiefsten verschneit,
da ist um die Dämmerzeit
im Walde das Christkind gegangen.
Es mußte sich wacker plagen,
denn einen riesigen Sack
hat's meilenweit huckepack
auf den schmächtigen Schultern getragen.
Zwei spielende Häschen saßen
geduckt am schneeigen Rain.
Die traf solch blendender Schein,
daß sie das Spielen vergaßen.
Doch das Eichhorn hob schnuppernd
die Ohren und suchte die halbe Nacht,
ob das Christkind von all seiner Pracht
nicht ein einziges Nüßchen verloren.

(Anna Ritter)

Die Weihnachtsgeschichte nach Lukas (2)

In jener Gegend lagerten Hirten auf freiem Feld und hielten Nachtwache bei ihrer Herde. Da trat der Engel des Herrn zu ihnen, und der Glanz des Herrn umstrahlte sie. Sie fürchteten sich sehr, der Engel aber sagte zu ihnen: Fürchtet euch nicht, denn ich verkünde euch eine große Freude, die dem ganzen Volk zuteil werden soll: Heute ist euch in der Stadt Davids der Retter geboren; er ist der Messias, der Herr. Und das soll euch als Zeichen dienen: Ihr werdet ein Kind finden, das, in Windeln gewickelt, in einer Krippe liegt. Und plötzlich war bei dem Engel ein großes himmlisches Heer, das Gott lobte und sprach: Verherrlicht ist Gott in der Höhe, und auf Erden ist Friede bei den Menschen seiner Gnade.

Als die Engel sie verlassen hatten und in den Himmel zurückgekehrt waren, sagten die Hirten zueinander: Kommt, wir gehen nach Bethlehem, um das Ereignis zu sehen, das uns der Herr verkünden ließ. So eilten sie hin und fanden Maria und Joseph und das Kind, das in der

Krippe lag. Als sie es sahen, erzählten sie, was ihnen über dieses Kind gesagt worden war. Und alle, die es hörten, staunten über die Worte der Hirten. Maria aber bewahrte alles, was geschehen war, in ihrem Herzen und dachte darüber nach. Die Hirten kehrten zurück, rühmten Gott und priesen ihn für das, was sie gehört und gesehen hatten; denn alles war so gewesen, wie es ihnen gesagt worden war.

(Lukas 2,8–20)

Kommet, ihr Hirten

1. Kom-met, ihr Hir-ten, ihr Män-ner und Frau'n!
Kom-met, das lieb-li-che Kind-lein zu schaun!

Chri-stus, der Herr, ist heu-te ge-bo-ren, den Gott zum Hei-land

euch hat er-ko-ren. Fürch-tet euch nicht!

2. Lasset uns sehen in Bethlehems Stall,
was uns verheißen der himmlische Schall.
Was wir dort finden, lasset uns künden,
lasset uns preisen in frommen Weisen.
Halleluja.

3. Wahrlich, die Engel verkündigen heut'
Bethlehems Hirtenvolk gar große Freud'.
Nun soll es werden Friede auf Erden,
den Menschen allen ein Wohlgefallen.
Ehre sei Gott!

(Text: Karl Riedel, 1827–1888; Musik: aus Böhmen)

Hirten und Engel

Sie sind ein merkwürdiger Gegensatz: die Hirten und die Engel. Die Hirten müssen wir uns als rauhe Gesellen vorstellen, schweigsam, die Einsamkeit auf dem Feld gewöhnt, arm und wenig gebildet. Die Schafe gehörten ihnen nicht selbst – die Hirten hüteten sie im Auftrag der Bauern.

Klar ist: Solchen Männern macht niemand so leicht etwas vor. Die sind nicht romantisch veranlagt, sondern bedächtig und kritisch. Wenn man denen sagt, daß ihr Heil in Gestalt eines Kindes in der Krippe liegt, dann kann man nicht erwarten, daß sie darauf nur gewartet haben und gleich hinrennen.

Da kommen die Engel gerade recht. Es braucht die Überzeugungskraft der himmlischen Boten, um den Hirten klarzumachen, worum es geht. Und die Engel schaffen es ja auch, daß die Hirten sich auf den Weg machen und sich überwältigen lassen vom Anblick der Krippe.

In der Bibel kommen Engel häufiger vor. Manche tragen sogar Namen: Michael erscheint dem bedrängten Daniel, Rafael begleitet den jungen Tobias auf der Reise, und Gabriel kündigt Maria die Geburt des Gottessohnes an. Der Hebräerbrief beschreibt die Engel als Diener Gottes, die den Erlösten helfen. In der Kunst werden sie oft mit Flügeln und Posaunen dargestellt. So soll gezeigt werden: Im Auftrag Gottes sind sie überall, und ihre Botschaft ist nicht zu überhören. Man könnte sagen: Die Engel sind wie die Hände Gottes und wie sein Mund.

Aber dennoch – was wären sie ohne uns, ihre Schützlinge, ihre Adressaten? Wir sind ja wie die Hirten. Auch uns können die Boten Gottes begegnen. Und so gehören in der Weihnachtsgeschichte nicht nur die beiden zusammen, die knorrigen Hirten und die überzeugungskräftigen Engel, sondern auch wir gehören dazu.

Vom Himmel hoch

1. Vom Him-mel hoch da komm ich her, ich bring euch
gu-te neu-e Mär; der gu-ten Mär bring ich so
viel, da-von ich singn und sa-gen will.

Euch ist ein Kindlein heut geborn von einer Jungfrau auserkorn,
ein Kindelein, so zart und fein; das soll eur Freud und Wonne sein.

Es ist der Herr Christ, unser Gott, der will euch führn aus aller Not;
er will eur Heiland selber sein, von allen Sünden machen rein.

Er bringt euch alle Seligkeit, die Gott, der Vater, hat bereit',
daß ihr mit uns im Himmelreich sollt leben nun und ewiglich.

So merket nun das Zeichen recht: die Krippe, Windelein so schlecht;
da findet ihr das Kind gelegt, das alle Welt erhält und trägt."

Des laßt uns alle fröhlich sein und mit den Hirten gehen hinein,
zu sehn, was Gott uns hat beschert, mit seinem lieben Sohn verehrt.

Lob, Ehr sei Gott im höchsten Thron, der uns schenkt seinen eingen Sohn.
Des freuet sich der Engel Schar und singet uns solch neues Jahr.

(Text: Martin Luther, 1535; Musik: Leipzig, 1539)

Der Tannenbaum

In der Bibel kommt der Tannenbaum nicht vor – wohl aber ein anderer Baum: der Paradiesbaum. Er steht für die Sünde, die uns von Gott trennt. Sein Gegenstück ist im Neuen Testament das Kreuz. Es ist für uns zum Lebensbaum geworden.

Der Tannenbaum verbindet beides: die Erinnerung an den Sündenfall und die Vergegenwärtigung des neuen Lebens in Christus. Dabei wirkte sicher auch der vorchristliche Glaube an die lebenspendende Kraft immergrüner Zweige wie Eibe, Stechpalme, Wacholder, Mistel oder Tanne weiter, mit denen man in der dunklen Jahreszeit Haus und Hof schmückte.

Im Mittelalter stand in den Kirchen in der Advents- und Weihnachtszeit ein „Paradiesbaum", ein Laub- oder Nadelgehölz, das die verbotene Frucht trug. Dazu gehörten die „Paradiesspiele", szenische Nachspiele der Geschichte von Sündenfall und Vertreibung aus dem Paradies. Um die Verbindung zwischen Sündenfall und Erlösung zu bekräftigen, ist der 24. Dezember ja sogar der Gedenktag von Adam und Eva. In Norddeutschland waren noch im 19. Jahrhundert Darstellungen von Adam und Eva und der Schlange am Weihnachtsbaum zu finden.

Erst ab dem 16. Jahrhundert hielt der Tannenbaum in die Stuben Einzug. Nicht immer war er mit Kerzen geschmückt – dieser Brauch setzte sich erst langsam durch. Für Bremen ist im Jahr 1570 ein „Dattelbäumchen" belegt, mit Äpfeln, Nüssen, Datteln, Brezeln und Papierrosen. Die Rosen sind ein Symbol für Maria, wie schon das Lied sagt: „Es ist ein Ros entsprungen".

Sein Licht bekam der Tannenbaum vermutlich vom „Klausenbaum" oder auch „Paradeisl": Das war eine adventliche, mit Tanne oder Buchsbaum umwundene, dreiseitige Lichterpyramide, die wir am ersten Adventssonntag schon als Vorläufer des Adventskranzes kennengelernt haben. An ihren vier Spitzen steckten Äpfel mit Kerzen darin. Das Licht der Kerzen versinnbildlicht das Licht, das Jesus Christus in die dunkle Nacht unserer Welt gebracht hat – ein Widerschein des Sterns von Bethlehem.

Ab dem 18. Jahrhundert gehörte der kerzenbestückte Weihnachtsbaum in jedes wohlhabende evangelische und ab dem 19. Jahrhundert auch in jedes katholische Wohnzimmer. Und auch die ärmeren Leute steckten dann Kerzen auf die Bäume – das preiswerte künstliche Wachs machte es möglich. Um 1880 begann man in Bayern und Österreich, sogar auf den Gräbern kleine Christbäume aufzustellen, um die Verstorbenen am Weihnachtsfest zu beteiligen. In seinem heutigen Schmuck läßt unser

Weihnachtsbaum all diese Elemente noch erkennen: Die in Silber oder Gold gehüllten Äpfel wurden zu Kugeln, der Schnee auf den Zweigen zu Lametta. Ist der Baumschmuck rot, so erinnert diese Farbe an das Blut, das Christus am Kreuz vergossen hat: Der Weihnachtsbaum gehört zum Kreuz, ebenso wie die Krippe dazugehört.

O Tannenbaum

1. O Tan-nen-baum, o Tan-nen-baum, wie grün sind dei-ne Blät - ter! Du grünst nicht nur zur Som-mer-zeit, nein, auch im Win - ter, wenn es schneit, o Tan-nen-baum, o Tan - nen-baum, wie grün sind dei - ne Blät - ter!

2. O Tannenbaum, o Tannenbaum, du kannst mir sehr gefallen.
Wie oft hat doch zur Weihnachtszeit
ein Baum von dir mich hoch erfreut.
O Tannenbaum, o Tannenbaum, du kannst mir sehr gefallen.

3. O Tannenbaum, o Tannenbaum, dein Kleid will mich was lehren:
Die Hoffnung und Beständigkeit gibt Trost und Kraft zu jeder Zeit.
O Tannenbaum, o Tannenbaum, dein Kleid will mich was lehren.

(Text: Strophe 1 Liebeslied, 1820, Strophe 2 + 3 Ernst Anschütz, 1824; Musik: Mazurka aus Studentenliedern)

Vom Sinn des Schenkens

Am Tannenbaum hingen einst die Geschenke, und heute liegen sie meist unter ihm. Weihnachten als Fest der Geschenke – das ist heute für viele Menschen besonders wichtig.

Verständlich wird dieser Brauch aus der Freude. Wenn man sich 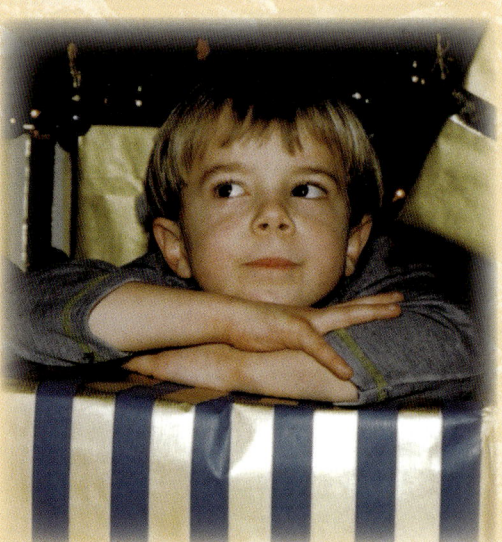 freut, möchte man gern anderen Menschen etwas von der Freude abgeben. So begannen die Gläubigen zunächst, den Armen in ihrer Gemeinde etwas zu schenken – allerdings waren das keine Süßigkeiten, sondern lebensnotwendige Dinge wie Essen oder Kleidung. Außerdem wurden am Nikolaustag die Kinder beschenkt.

Die Reformatoren wollten die Bedeutung des Gottessohnes gegenüber dem Nikolaus stärken. Sie verlegten deshalb den Geschenketag vom Nikolaustag auf Weihnachten. Und mit der Zeit begannen die Geschenke zu dem zu werden, was sie heute sind: etwas, das nicht für den Alltag notwendig ist, sondern einfach Freude macht. Dazu mußten die Geschenke früher nicht unbedingt teuer sein. Auf dem Weihnachtsmarkt kaufte man Spielsachen für die Kinder und Figuren aus Lebkuchen.

Vielleicht ist es heute gar nicht verkehrt, sich wieder daran zu erinnern: Geschenke müssen nicht teuer sein. Hauptsache, sie machen Freude und unterscheiden sich von dem, was im Alltag sowieso benötigt wird. Womit klar wird: Krawatten, Kochtöpfe und ähnliche Gebrauchsgegenstände eignen sich weniger als Weihnachtsgeschenke. Es sei denn, sie stehen ganz ausdrücklich auf dem Wunschzettel …

O du fröhliche

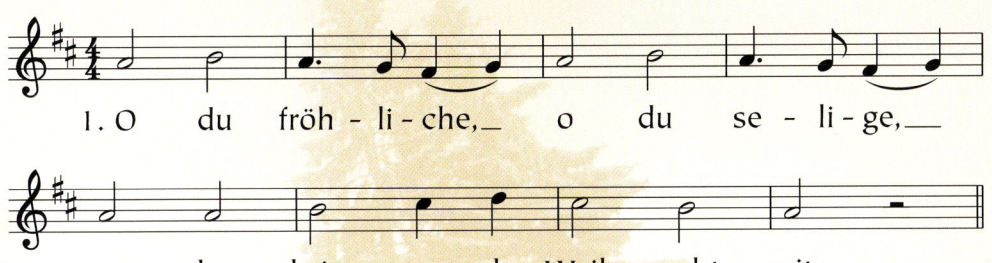

1. O du fröh-li-che,_ o du se-li-ge,_

gna-den-brin-gen-de Weih-nachts-zeit.

Welt_ ging ver-lo-ren, Christ ist ge-bo-ren.

Freu - e,_ freu-e dich, o Chri-sten-heit!

2. O du fröhliche, o du selige,
gnadenbringende Weihnachtszeit!
Christ ist erschienen,
uns zu versühnen,
freue dich, freue dich, o Christenheit!

3. O du fröhliche, o du selige,
gnadenbringende Weihnachtszeit!
Himmlische Heere
jauchzen dir Ehre,
freue dich, freue dich, o Christenheit!

(Text: Johannes Daniel Falk, 1768–1826;
Musik: sizilianisches Schifferlied)

Weihnachtsmann und Christkind

Wer aber bringt die Geschenke? Heute scheinen sich zwei Personen die Aufgabe zu teilen: Im protestantischen Norden ist der Weihnachtsmann zuständig, im katholischen Süden das Christkind.

Ausgerechnet das Christkind geht aber auf den Reformator Martin Luther zurück. Als er den Nikolaus als Geschenkebringer zugunsten von Weihnachten ablösen wollte, sprach er vom „heiligen Christ" als Schenkendem – womit wohl weniger das neugeborene Christuskind in der Krippe gemeint war, sondern eher eine kindliche, engelsgleiche Gestalt. So wird das Christkind in bebilderten Büchern ja auch dargestellt.

Das Christkind war zuerst in evangelischen Regionen tätig. Von hier aus eroberte es dann die katholischen Gegenden, während in den protestantischen Gebieten vor allem Norddeutschlands schrittweise der Weihnachtsmann nachrückte. Sein Ausgangsort waren die Niederlande, wo ja immer der Nikolaustag der Geschenketag geblieben war. Von dort aus kam er auch in die USA.

Unterwegs hat sich die historische Bischofstracht des Nikolaus allerdings auf merkwürdige Weise verwandelt – und zwar eindeutig, bevor Coca-Cola den Weihnachtsmann als Werbeträger dienstverpflichtet hat: Die phrygische Bischofsmütze wurde zur Zipfelmütze. Pelzbesatz, weißer Bart und der deutlich erkennbare Bauch gehören zum „Väterchen Frost" – einer Verkörperung des Winters, wie sie in vielen nördlichen Ländern, beispielsweise in Rußland, als Geschenkebringer unterwegs ist. Bereits im 19. Jahrhundert sieht dieser „Herr Winter" – bis auf die rote Farbe – genauso aus wie unser heutiger Weihnachtsmann. Das belegt der „Münchner Bilderbogen", den der Maler Moritz von Schwind 1847 geschaffen hat.

Gut zu wissen: Unser heutiger Weihnachtsmann ist nicht die Idee einer Getränkefirma. Wichtig zu wissen: Das Christkind ist nicht identisch mit dem Kind in der Krippe, sondern eher eine Engelsfigur.

Und ganz wichtig: Wir selber sind es, die schenken. Weil wir beschenkt worden sind durch Gott, der in die Welt gekommen ist. Alle Figuren darum herum sind schönes Beiwerk. Nicht mehr und nicht weniger.

Vom Schenken

Schenke groß oder klein,
Aber immer gediegen.
Wenn die Bedachten
Die Gaben wiegen,
Sei dein Gewissen rein.
Schenke herzlich und frei.
Schenke dabei,
Was in dir wohnt
An Meinung, Geschmack und Humor,
So daß die eigene Freude zuvor
Dich reichlich belohnt.
Schenke mit Geist, ohne List.
Sei eingedenk,
Daß dein Geschenk
Du selber bist.

(Joachim Ringelnatz)

Mettensuppe
und Weihnachtsgans

Der 24. Dezember als letzter Adventstag war einst bis zur Christmette ein Fastentag. Vor oder nach dem Besuch der Kirche wurde mit Gewehr- oder Böllerschüssen das „Christkindl angeschossen": Die Geburt wurde angekündigt. Im Bayerischen Wald beispielsweise ist dieser Brauch heute noch lebendig.

Dann gab es die sogenannte „Mettensuppe", eine Brotsuppe mit Leber- und Blutwürsten darin, aber auch Schweinsbraten und andere Köstlichkeiten. Das Fleisch dazu kam von der Sau, die zu Weihnachten geschlachtet wurde und deshalb natürlich „Mettensau" hieß. In manchen Gegenden soll es ein regelrechter Sport gewesen sein, die Mettensau – lebend oder geschlachtet – zu klauen, so wie auch im Frühling gern der Maibaum gestohlen wurde. Weshalb so mancher Bauer vor Heiligabend vorsichtshalber neben der Sau im Stroh übernachtete.

Noch heute ist das Essen an Heiligabend in vielen Familien bewußt einfach und bodenständig gehalten: Es gibt Würstchen mit Kartoffelsalat oder Kasseler mit Kraut. Auch Grünkohl, gelbe Rüben oder Heringssalat sind beliebte bäuerliche Weihnachtsspeisen.

In bürgerlichen Haushalten aß man an Heiligabend oft Karpfen, der eine traditionelle und sehr reichhaltige Fastenspeise ist. Und am Weihnachtstag kommt bis heute in vielen Familien eine Gans auf den Tisch. Dieser Brauch soll seinen Ursprung in England haben: Angeblich war Königin Elisabeth I. an Heiligabend im Jahr 1588 dabei, eine Gans zu verspeisen, als ihr die Nachricht vom Sieg über die spanische Armada überbracht wurde. Zur Erinnerung daran gab es bei Hofe fortan jede Weihnachten eine Gans – ein Brauch, der sich über ganz England und bis auf den Kontinent verbreitet hat.

Geschmorte Gänsekeulen mit Kirschen

Das brauchen wir:
(für 4 Personen)

4 Gänsekeulen à ca. 300 g
Salz, Pfeffer
¼ l Rotwein
⅛ l Fleischbrühe (Instant)
1 Msp. gemahlene Nelken
1 Msp. gemahlenen Piment
1 unbehandelte Orange
500 g Sauerkirschen
1 EL Stärkepulver
2–3 EL Weinbrand
Zucker nach Geschmack

So wird's gemacht:
Den Backofen auf 200 ° vorheizen. Gänsekeulen waschen, abtrocknen, die Haut mit einem Holzspieß mehrmals einstechen, damit das Fett herausbraten kann. Keulen salzen und pfeffern, auf den Backofenrost legen. Die Fettpfanne des Backofens darunter schieben, ¼ l Wasser hineingießen. Geflügel ca. 40 Minuten braten lassen.
Bratfett abgießen, Gänsekeulen in die Fettpfanne legen. Wein und Fleischbrühe dazugießen. Mit Nelken, Piment und der halben Orange in Spalten würzen. Noch weitere 20 Minuten braten lassen. 10 Minuten vor beendeter Garzeit gewaschene, entsteinte Sauerkirschen dazugeben. Gänsekeulen warm stellen. Soße durch ein Sieb gießen und mit angerührtem Stärkepulver binden. Mit Weinbrand und Zucker abschmecken. Gänsekeulen mit Kirschen und Soße servieren. Restliche Orangenhälfte in Scheiben schneiden und als Dekoration verwenden.
Dazu passen Wirsinggemüse und Kartoffelknödel.

Stephanus

Der Zeuge

Noch eben standen wir an der Krippe
des Kindes in Bethlehem –
da führt uns der heutige Tag schon nach Jerusalem,
an die Seite eines unerschrockenen jungen Mannes

Als der Himmel offenstand

Die Weihnachtstage sind nicht vorbei. Vorgestern erst war der Heilige Abend, wir haben die Lieder von der Geburt Jesu gesungen und uns über das neue Leben gefreut, das er uns bringt.

Da fällt es fast ein bißchen schwer, heute, am 26. Dezember, eines Mannes zu gedenken, dessen Schicksal wenig fröhlich ist: Heute ist der Festtag des hl. Stephanus.

Wer war dieser Mann? Um das zu erfahren, müssen wir bis in die Urgemeinde zurückgehen, in die ersten Jahre unmittelbar nach Tod und Auferstehung Jesu Christi. Da begegnen wir in Jerusalem den Jüngern: Sie verkünden die frohe Botschaft und überzeugen immer mehr Menschen von der Liebe Gottes durch seinen Sohn. Die Gemeinde wächst. Zu ihr gehören bald nicht nur Juden aus dem Heiligen Land, sondern auch solche, die aus weiter entfernten Gegenden wie Kleinasien oder gar Griechenland stammen. Irgendwann sind sie nach Jerusalem umgezogen und haben hier zum Glauben an Christus gefunden. Im Unterschied zu den palästinischen Juden sprechen sie nicht aramäisch, was auch die Sprache Jesu gewesen ist. Sie sprechen griechisch. Deshalb werden sie Hellenisten genannt. Auch hellenistische Synagogen gibt es in Jerusalem, weil die Stadt ein richtiger Schmelztiegel ist, eine Einwanderungsstadt.

Die Gemeinde wächst also, und das bedeutet alle Hände voll zu tun für die Zwölf. Da müssen nicht nur die täglichen Versammlungen und Gottesdienste organisiert werden, sondern es gibt auch ganz praktische Sachen zu regeln. Denn in der Urgemeinde fühlen sich alle füreinander verantwortlich, man kümmert sich auch um die Witwen und Waisen und versorgt sie bei den Versammlungen mit Essen.

Irgendwann beschweren sich dann die hellenistischen Gemeindemitglieder: Ihre Witwen kämen bei den täglichen gemeinsamen Mahlzeiten immer zu kurz. Die Zwölf überlegen: Sie können diese Arbeit nicht auch noch selbst übernehmen, sonst haben sie keine Zeit mehr für die Verkündigung. Doch sie finden eine Lösung: Sieben vertrauenswürdige Männer werden ausgewählt, die künftig die Versorgung bei Tisch übernehmen und darauf achten sollen, daß jeder sein Teil bekommt. Einer der Sieben ist Stephanus, ein junger Hellenist.

Die Überlieferung sagt, dies sei der Beginn des Diakonenamtes in der Kirche gewesen. Worin aber bestand genau die Aufgabe des Stephanus? Die Apostelgeschichte berichtet jedenfalls, daß er sich nicht nur um die Versorgung der Armen in der Gemeinde kümmerte, sondern daß er auch ein sehr begabter Prediger war. Er konnte seine Zuhörer begeistern – kein Wunder, daß immer mehr Menschen zur Gemeinde dazukamen, nachdem sie ihm gelauscht hatten.

Mitglieder der hellenistischen Synagoge aber fanden, daß Stephanus mit seinen Predigten Moses und den jüdischen Glauben verhöhne. Sie hetzten das Volk in Jerusalem und den Hohen Rat in der Stadt auf, und Stephanus wurde wegen Gotteslästerung angeklagt. Die Bibel berichtet, daß er vor Gericht eine flammende Verteidigungsrede hielt und sein Gesicht dabei strahlte wie das eines Engels. „Ich sehe den Himmel offen und den Menschensohn zur Rechten Gottes stehen", rief er. „Menschensohn" ist im Neuen Testament ein Ehrenname für Jesus.

Der Hohepriester hielt es nicht aus, daß jemand solche Dinge über Gott sagte, und verurteilte Stephanus zum Tode. An einem 26. Dezember, so sagt es die Überlieferung, wurde der Diakon vor den Toren der Stadt gesteinigt – der erste Christ, der für seinen Glauben starb. Seitdem ist der 26. Dezember sein Feiertag. Die Bibel sagt, Stephanus habe vor seinem Tod dafür gebetet, daß seinen Verfolgern vergeben werde. Und daß unter diesen auch ein Mann namens Saulus gewesen sei: Saulus, der sich später als Apostel Paulus nennen würde.

Der Schutzherr der Pferde

Ab dem 4. Jahrhundert wurde Stephanus verehrt. Man suchte sein Grab und fand Gebeine, die zunächst nach Jerusalem überführt wurden, dann nach Konstantinopel und nach Rom, in die Grabeskirche des Märtyrers Laurentius.

Stephanus wurde der Schutzheilige der Pferde und der Berufe, die mit ihnen zu tun haben. Am 26. Dezember segnete man die Tiere in seinem Namen und ritt mit ihnen dreimal um die Kirche. Pferdeknechte und Kutscher durften ihren Arbeitgeber wechseln, Hafer wurde gesegnet. Am Stephanitag nahm man auch Wasser mit in die Kirche, das der Pfarrer weihte. Dieses Stephaniwasser sollte besondere Schutzkraft gegen böse Geister besitzen. Man besprengte damit die Pferde und ihr Futter. Vor dem ersten Ausritt im Frühjahr bekamen die Pferde Brot zu fressen, das mit dem Wasser getränkt war.

Aber auch Rotwein wurde am 26. Dezember geweiht. In die Weingefäße waren kleine Steine versenkt, zum Andenken an die Steinigung des Märtyrers. Der geweihte Wein sollte besondere Heilkraft besitzen. Und arme Leute bekamen am Stephanitag Brot ausgeteilt – das erinnerte an die Tätigkeit des Märtyrers als Diakon in der Urgemeinde.

Die Künstler stellten Stephanus mit Steinen dar, weil er gesteinigt worden ist, aber auch mit Buch und Palme, den Kennzeichen seines Diakonenamtes. Viele große Kirchen in ganz Europa sind dem Stephanus geweiht, beispielsweise in Wien. Vor allem die Kaiser und Könige des Mittelalters waren es, die seine Verehrung weiter förderten. Ein berühmter ungarischer König, der um das Jahr 1000 lebte, trug voller Stolz seinen Namen.

Heute ist der Stephanitag in vielen Gegenden fast vergessen. Die Bräuche rings um das Pferd sind vielfach auf den 6. November, den Leonhardstag übergewechselt. Es scheint auch so gar nicht zu passen, an Weihnachten, dem Freudenfest, solch eine grausame Geschichte wie die des Stephanus zu hören.

Trotzdem kann uns der erste Märtyrer durch sein Verhalten auch heute etwas sagen: Er hat um Vergebung für seine Feinde gebetet. Das sagt sich so leicht – und von Heiligen erwartet man vielleicht auch nichts anderes. Aber wer es selbst versucht, der merkt: Dazu gehört eine große Überwindung.

Nun geht es für uns heute nicht, wie bei Stephanus, um Leben und Tod. Aber doch oft um ernste Dinge: Jemand hat uns enttäuscht und verraten oder betrogen. Oder er läßt uns nicht in Ruhe, versucht uns

ständig das Leben schwerzumachen. Wie Stephanus zu handeln – hieße das nun, alles hinzunehmen, sich alles gefallen zu lassen und dann noch für die anderen zu beten?

Nein, das wäre ein Irrtum. Stephanus hat nicht einfach alles hingenommen. Die Bibel erzählt, daß er eine flammende Rede gehalten und seine Meinung gesagt hat. Er hat sich nicht klein gemacht, sondern ist bei seinem Standpunkt geblieben. Aber er ist nicht aggressiv geworden, hat seine Feinde nicht beschimpft, sondern immer daran gedacht, daß auch sie Gottes Kinder sind. Und das ist zu allen Zeiten eine gute Strategie gewesen.

Und noch etwas zeigt uns die Geschichte des Stephanus: Er hat den Himmel offen gesehen, sagt die Bibel (vgl. Apostelgeschichte 6,8–10; 7,54–60). Wenn wir diesen Satz betrachten, ist es gut, daß der Stephanitag so dicht an Weihnachten liegt. Denn nicht der Todestag des Märtyrers war es, an dem sich für uns Menschen zuerst der Himmel geöffnet hat. Es war Weihnachten, der Tag der Geburt Jesu. Nur weil Gott Mensch geworden ist, kann Stephanus sagen, daß ihm der Himmel offensteht und Gott sichtbar geworden ist – mit seinem Sohn zur Seite.

Und weil auch wir an der Krippe gestanden haben, können wir weitergehen bis dorthin, wo wir dem Stephanus begegnen. Von der Krippe zu Stephanus: Im Weihnachtsfestkreis liegen zwei Tage dazwischen. Für uns ein ganzes Leben.

Psalmgebet

Herr, ich suche Zuflucht bei dir.
Laß mich doch niemals scheitern.
In deine Hände lege ich voll Vertrauen meinen Geist;
du hast mich erlöst, Herr, du treuer Gott.

(Psalm 31,2.6)

Johannes

Der Schutzherr der Liebe

*Ein ehrgeiziger Jünger, ein verantwortungsbewußter
Mann und ein Apostel mit klarem Blick:
Von Johannes können wir viel lernen*

Ein „Donnersohn" übernimmt Verantwortung

Das Markusevangelium erzählt: Eines Tages stieg Jesus auf einen Berg und rief alle seine Jünger zu sich. Dann wählte er zwölf aus, die ihn begleiten sollten und die er später aussenden wollte.

Unter diesen Zwölfen war auch ein Brüderpaar, Jakobus und sein jüngerer Bruder Johannes, die Söhne des Zebedäus. Wie Simon und Andreas waren sie Fischer am See Genezareth. „Gott ist gnädig", bedeutet der Name des Johannes übersetzt.

In der Kunst wird der Jünger immer als sensibler junger Mann gezeigt. Das Markusevangelium allerdings beschreibt ihn anders. Jesus gab ihm und seinem Bruder Jakobus den Beinamen „Donnersöhne" – und so kann wohl nur jemand heißen, der auch mal laut und polternd auftritt.

Den drei ersten Evangelien zufolge prescht Johannes während seiner Zeit an der Seite Jesu denn auch öfters vor. So will er einen Mann daran hindern, in Jesu Namen Dämonen auszutreiben, weil dieser Mann nicht zur Gruppe der Jünger gehört – nach dem Motto: keine Konkurrenz! Jesus allerdings sieht die Sache anders. Für ihn sind nicht die Wunder das Ausschlaggebende, sondern die Verkündigung. Er läßt den anderen Mann gewähren.

Ein andermal ist Johannes beleidigt, weil die Bewohner eines samaritanischen Dorfes sich weigern, Jesus und seine Jünger zu beherbergen. Am liebsten würde er nach dem Vorbild des großen Elias ein bißchen Feuer vom Himmel fallen lassen, um es diesen Samaritanern so richtig zu zeigen. Überflüssig zu erwähnen, daß Jesus den Heißsporn auch diesmal freundlich zurechtweist – und einfach eine andere Reiseroute wählt.

Eine Szene geht besonders zu Herzen: Da bestürmen Johannes und sein Bruder Jesus, er möge ihnen doch in Gottes Reich die Plätze direkt neben ihm zuweisen. Jesus, der weiß, was ihn erwartet, antwortet ihnen: „Ihr wißt nicht, um was ihr bittet. Könnt ihr den Kelch trinken, den ich trinke, oder die Taufe auf euch nehmen, mit der ich getauft werde?" Die „Donnersöhne" sind fest überzeugt: Sie können es. Jesus sagt ihnen zu, daß sie seinen Kelch und seine Taufe teilen werden – über die Ehrenplätze allerdings werde allein Gott im Himmel entscheiden. Und er erklärt den Jüngern, daß es im Reich Gottes darauf ankomme, zu lieben und zu helfen, und nicht darauf, viel Macht zu haben und ganz vorn zu sitzen.

Im Johannesevangelium dann geschieht eine Veränderung in der Art, wie der Sohn des Zebedäus dargestellt wird. Er begegnet uns hier nicht mit Namen, aber doch als ganz besonderer Mensch. Manche sehen in ihm den Lieblingsjünger, der beim Letzten Abendmahl an Jesu Brust liegt. Er kommt als erster mit Petrus zum leeren Grab, läßt dem Petrus hier aber den Vortritt. Und er ist es auch, der als erster den Auferstandenen erkennt.

Wir wissen nicht, ob dieser Lieblingsjünger aus dem vierten Evangelium wirklich Johannes war. Aber er könnte es gewesen sein: Dann hätte der „Donnersohn", der Heißsporn, durch das Zusammensein mit Jesus andere Seiten entwickelt: Er wäre nicht mehr nur ehrgeizig, sondern dazu liebevoll und hilfsbereit und übernähme Verantwortung. Davon erzählt auch die Szene unterm Kreuz: Gemeinsam mit Maria steht Jesu Lieblingsjünger hier, um dem sterbenden Jesus Beistand zu leisten. Und dann geschieht etwas sehr Schönes: Jesus vertraut seine Mutter seinem Lieblingsjünger an. Nun hat Maria auch nach Jesu Tod jemanden, zu dem sie gehört und der sie beschützt.

Nach der Überlieferung war Johannes in der Jerusalemer Urgemeinde eine der tragenden Säulen. Als während der Christenverfolgung sein Bruder Jakobus umgebracht wurde, wanderte er nach Kleinasien aus. In Ephesus soll er gelebt und gepredigt haben und zuletzt in hohem Alter dort gestorben sein. In seinem Namen und inspiriert von seinen Gedanken ist das vierte Evangelium entstanden, das uns von Jesus als dem menschgewordenen Wort Gottes erzählt. Weil dieses Evangelium von allen vieren das weiseste ist, stellen die Künstler Johannes meist mit einem Adler dar, dem Sinnbild für die Inspiration und den klaren Blick.

Rede Jesu an seine Jünger

Wie mich der Vater geliebt hat, so habe auch ich euch geliebt. Bleibt in meiner Liebe! Wenn ihr meine Gebote haltet, werdet ihr in meiner Liebe bleiben, so wie ich die Gebote meines Vaters gehalten habe und in seiner Liebe bleibe. Das ist mein Gebot: Liebt einander so, wie ich euch geliebt habe.

(Johannes 15,9–10.12)

Gebet

*Lieber Herr Jesus,
du hast dem Jünger Johannes gezeigt,
daß es vor allem auf die Liebe ankommt
und darauf, sie in Wort und Tat an andere weiterzugeben.
Du hast ihm einen klaren Blick dafür geschenkt,
daß du vom Vater gesandt bist
als sein Wort und seine Liebe.
Wir bitten dich:
Laß uns das nie vergessen.
Damit wir mit dir und untereinander verbunden bleiben,
so wie du es den Jüngern einst gesagt hast.*

Amen

Johannisminne

Von Johannes werden manche Wundergeschichten berichtet. Als alter Mann soll er während der Christenverfolgung einem Kessel mit siedendem Öl unverletzt entstiegen sein.

Auf Abbildungen trägt er oft einen Kelch – und auch das geht auf eine Geschichte zurück: In Ephesus stand ein Tempel, welcher der Göttin Artemis geweiht war. Johannes weigerte sich, hier zu opfern. Der Hohepriester des Tempels fürchtete deshalb um seine Einnahmen und zwang Johannes, einen Kelch mit Gift zu leeren. Der Apostel, so berichtet die Legende, schlug über dem Kelch das Kreuz, woraufhin das Gift in Gestalt einer Schlange entwich. Nun trank Johannes aus dem Kelch, ohne daran zu sterben. Sogar zwei Verbrecher, die bereits an dem Gift gestorben waren, soll er wieder zum Leben erweckt haben – woraufhin sich der Hohepriester tief beeindruckt zum Christentum bekehrte.

Aus dieser Legende hat sich der Johannissegen entwickelt: Am 27. Dezember, dem Festtag des Johannes, wurde Wein in die Kirche gebracht und als „Johannisminne" geweiht. „Minne" bedeutet „Zuneigung, Liebe". Der Priester reichte den Gläubigen den Wein mit den Worten zum Trunk: „Trinke die Liebe des hl. Johannes im Namen des Vaters, des Sohnes und des Heiligen Geistes." Der geweihte Wein wurde auch mit nach Hause genommen und für besondere Anlässe aufbewahrt. Die „Johannisminne" sollte die Herzen der Menschen, die sie gemeinsam tranken, in Freundschaft miteinander verbinden. Reisende tranken diesen Wein, bevor sie aufbrachen. Er sollte sie gesund und unversehrt erhalten.

Auch sonst gedachten die Menschen am Tag des Apostels Johannes ihrer Beziehungen. Knechte und Mägde wechselten den Arbeitgeber und wurden mit Musik und Tanz verabschiedet. Eheleute versicherten einander, daß sie auch im kommenden Jahr zusammenhalten würden: Der Mann lud die Frau zum Essen ins Wirtshaus ein – und die Frau zahlte als Zeichen ihrer Zustimmung den Wein. „Weiberdingete" hieß dieser Brauch, von „verdingen", was soviel bedeutet wie „in ein Arbeitsverhältnis treten".

Dezember

Wenn über Wege, tief verschneit,
Der Schlitten lustig rennt,
Im Spätjahr, in der Dämmerzeit,
Die Wochen im Advent,
Wenn aus dem Schnee das junge Reh
Sich Kräuter sucht und Moose,
Blüht unverdorrt im Frost noch fort
Die weiße Weihnachtsrose.

Kein Blümchen sonst auf weiter Flur;
In ihrem Dornenkleid
Nur sie, die nied're Distel nur,
Trotzt allem Winterleid.
Das macht, sie will erwarten still,
Bis sich die Sonne wendet,
Damit sie weiß, daß Schnee und Eis
Auch diesmal wieder endet.

Doch ist's geschehn, nimmt fühlbar kaum
Der Nächte Dunkel ab,
Dann sinkt mit einem Hoffnungstraum
Auch sie zurück ins Grab.
Nun schläft sie gern; sie hat von fern
Des Frühlings Gruß vernommen,
Und o wie bald wird glanzumwallt
Er sie zu wecken kommen.

(Hermann Lingg)

128

Rollbraten in Weißweinsoße

Das brauchen wir:
(für 4 Personen)

800 g Schweinebraten
(aus der Keule)
Salz, Pfeffer
4 TL Senf
6 Scheiben roher Schinken
Estragon
2 EL Öl
2 Zwiebeln
2 Lorbeerblätter
½ TL Pimentkörner
300 ml Weißwein
300 g Steinpilze
2 EL Butter
720 g Schwarzwurzeln
(aus dem Glas)
gehackte Petersilie
200 ml Sahne
Küchengarn

So wird's gemacht:
Das Fleisch salzen, pfeffern
und mit 2 TL Senf bestreichen.
Schinken und Estragon darauf
legen. Aufrollen, mit Küchengarn
zusammenbinden und in hei-
ßem Öl anbraten. Die Zwiebeln
pellen und klein hacken und mit
Lorbeer und Piment hinzufügen.
Wein angießen und zugedeckt
50 Minuten schmoren lassen.
Die gewaschenen und geputzten
Pilze kleinschneiden und in heißer Butter 5 Minuten braten.
Die Schwarzwurzeln abtropfen
lassen und hinzugeben. Kurz
erhitzen und mit Salz, Pfeffer
und Petersilie würzen. Den
Braten aus dem Ofen nehmen
und Sahne zum Fond gießen.
2 Minuten einkochen lassen und
mit 2 TL Senf abschmecken.

Unschuldige Kinder

Die Verfolgten

*Wir hören eine Geschichte,
    in der viel Grausames passiert,
aber auch Gutes.
    Und in der ein Esel eine wichtige Rolle spielt*

Wie das Jesuskind gerettet wurde

Als Jesus geboren wurde, regierte König Herodes das Land. Er war sehr mißtrauisch und witterte hinter allem und jedem eine Verschwörung. So war es auch, als Weise aus dem Osten nach Jerusalem kamen und nach dem König der Juden fragten, der jetzt geboren worden sei und dessen Stern sie gesehen hätten. Herodes ließ gleich Hohepriester und Schriftgelehrte zusammenkommen und in den heiligen Schriften forschen. So kamen sie auf Bethlehem als den Ort, an dem dieser König der Juden geboren werden würde.

Herodes versuchte nun, die ausländischen Weisen für seine Zwecke einzuspannen. Er nannte ihnen Bethlehem und bat sie, ihm Bescheid zu geben, wenn sie das Kind dort gefunden hätten – „damit auch ich hingehe und ihm huldige", log er dreist und lächelte böse.

Die Weisen bedankten sich höflich für die Hinweise und sagten zu, ihn zu benachrichtigen. Dann zogen sie weiter und kamen tatsächlich nach Bethlehem. Was dort passierte, ist eine andere Geschichte. Aber so viel sei gesagt: Die Weisen verrieten dem Herodes nicht, wo sie das Jesuskind gefunden hatten, sondern kehrten ohne Umweg über Jerusalem wieder in ihre Heimat zurück. Denn so war es ihnen im Traum befohlen worden.

Herodes in seinem prächtigen Palast in Jerusalem wartete indessen ungeduldig auf Nachricht, und als er erkannte, daß er von den Weisen hinters Licht geführt worden war, faßte er einen grausigen Plan. Er schickte seine Soldaten nach Bethlehem und ließ dort alle Kinder, die jünger als zwei Jahre alt waren, umbringen. So wollte er ganz sicher sein, daß Jesus nicht der neue König der Juden würde.

Das Leid der Menschen in Bethlehem war unendlich groß. Aber eine kleine Familie verließ unerkannt die Stadt: Ein Esel trug die Frau mit dem Kind, der Mann führte das Tier am Zügel. Richtung Ägypten zogen sie. Wir wissen, wer es war: Maria, Joseph und das Jesuskind. Denn Joseph hatte geträumt: Ein Engel war ihm erschienen und hatte befohlen, schnell nach Ägypten zu fliehen. Und so geschah es. Welch eine Rettung!

Die Flucht der Heiligen Familie

Länger fallen schon die Schatten
durch die kühle Abendluft,
waldwärts über stille Matten
schreitet Joseph von der Kluft,
führt den Esel treu am Zügel;
linde Lüfte fächeln kaum,
's sind der Engel leise Flügel,
die das Kindlein sieht im Traum,
und Maria schauet nieder
auf das Kind voll Lust und Leid,
singt im Herzen Wiegenlieder
in der stillen Einsamkeit.
Die Johanneswürmchen kreisen
emsig leuchtend übern Weg,
wollen der Mutter Gottes weisen
durch die Wildnis jeden Steg,
und durchs Gras geht süßes Schaudern,
streift es ihres Mantels Saum;
Bächlein auch läßt jetzt sein Plaudern,
und die Wälder flüstern kaum.
daß sie nicht die Flucht verraten.
Und das Kindlein hob die Hand,
da sie ihm so Liebes taten,
segnete das stille Land,
daß die Erde mit Blumen, Bäumen
fernerhin in Ewigkeit
nächtlich muß vom Himmel träumen –
o gebenedeite Zeit!

(Joseph von Eichendorff)

131

Die Flucht nach Ägypten

Sie ziehen über eine graue Wiese durch matte Frühnebel an blassen Blütenbüschen vorbei. Eine Frau mit goldnem Schein überm Haupt auf einem Esel. Nur noch der Kopf des Esels geht über den Halmen. Ihr nach, an einem Stabe im Mantel gebeugt, eine Kapuze spitz über den Kopf, der Mann.

Rings um sie steigt blauer Blütenrauch aus der Wiese. Blasse leuchtende Düfte aus dem Graugrün und Graugelb. Ein müder dünner Spinnwebenflaum belegt jede Lichtpore, die Luft steht verdichtet, wie zartes Horn über allen Farben.

Am Horizont ein Streif, rosig wie süße Weindünste, aber noch ein Lila darin, das blutet wie aus weher Narbe.

Wie ganz dünner Schaum schwimmen die Blütensträucher über der Wiese. Ihr Duft saugt die Halme zur Höhe und beugt den Himmel nieder.

Durch die behutsame Stille ziehen der Mann und die Frau auf dem Esel. Unter ihrem Mantel, am Herzen hält sie ein schlafendes Kind. Und alles umher wacht und hütet den Schlummer des Kindes.

Die Farben treten so leise auf. Das Blau nur gedämpft wie behauchte Türkisen. In der Wiese das Rot, nur die Spuren von Rot, als ob Tränen des Glückes und der Rührung darüber schleiern.

Dies das Geleite des Friedens, das mit den Ziehenden schwebt. Es sammelt sich über dem Haupte der heiligen Frau zu einem beschützenden goldnen Lichtschild.

Oben am Himmel im Vergißmeinnichthauch ein schmaler Mond ohne Leuchten, nur wie Wolkenflaum.

Und unten auf der Wiese nur Farbenstaub wie auf Schmetterlingsflügeln, draußen am Horizont das zögernd sickernde Frühlicht.

Diese zögernden Stimmen aller Farben gehen um die Fliehenden in tröstender beruhigender Melodie. Und die Luft rings ist erfüllt von dem Dufte des schlafenden Kindes, und seinem warmen Atem und dem Duft seiner Träume.

Der leuchtende blaue Duft legt sich in die Falten der Gewänder, dämpft das Rauschen, steigt zum Himmel und zur Ferne, zerdrückt das Mondlicht, wehrt der Tageshelle, senkt sich über die Wiese in die Halme, und es ist da nur noch ein Wimperzittern aller Farben, eine rieselnde Erregung, die sich um das schlummernde Kind drängt, ein kosender rosiger Jubel und ein bebender blaßblauer Jubel und unter Tränen eine unendliche Beglückung.

(Max Dauthendey)

132

Gedenktag für die Kinder von Bethlehem

Die Heilige Familie ist nach Ägypten geflohen, und dort wissen wir sie in Sicherheit. – Ob allerdings der Kindermord in Bethlehem wirklich so stattgefunden hat, wie das Matthäusevangelium berichtet, darüber sind sich die Wissenschaftler nicht einig. Lange jedoch, bevor sie darüber anfingen zu streiten, hatte sich mit dem 28. Dezember schon ein Festtag eingebürgert, an dem die Menschen dieser Ereignisse – mögen sie nun stattgefunden haben oder nicht – gedacht haben. Der Gedanke, daß einst Kinder gestorben sind, damit Jesus leben konnte, hat niemanden kalt gelassen. Dieser Festtag war zum Beispiel wichtig für alle, die sich ein Kind wünschten. Man schlug einander symbolisch mit Ruten: Wie schon am Barbaratag sichtbar wird, sind ja die Zweige noch aus vorchristlicher Zeit ein Sinnbild für Fruchtbarkeit.

Vor allem aber war der 28. Dezember ein Festtag für die Kinder. Es galt die „verkehrte Welt": In den Kloster- und Domschulen durften an diesem Tag die Schüler den Ton angeben. Beim Kinderbischofsspiel schlüpfte ein Kind in die Rolle des Bischofs, durfte auch in der Liturgie die Position des Bischofs einnehmen. Schüler und Lehrer feierten miteinander, es gab Umzüge und Geschenke für die Kinder.

Ehrlicherweise muß aber gesagt werden, daß Groß und Klein den Rollentausch und zumal die Umzüge zu allerlei Unfug nutzten. Da wirkten eben die vorchristlichen Ursprünge noch nach. Schon im Orient und im alten Rom hatten die Menschen sich in diesen Dezembertagen damit vergnügt, Rollen zu tauschen: Herren bedienten Sklaven, man verkleidete sich als Narren oder schlüpfte in Tierkostüme. Es wird ein bißchen so gewesen sein wie bei uns der Karneval. Und diese heidnischen Ursprünge merkte man dem Kinderbischofsspiel damals vermutlich noch an.

Aus diesem Grund wurde das Spiel dann auch schon vor der Reformation wieder abgeschafft. Zu dem Zeitpunkt war es allerdings längst vom 28. auf den 6. Dezember hinübergewandert, auf den Nikolaustag.

Heute ist das Kinderbischofsspiel mit einem ganz anderen, guten Sinn mancherorts wieder belebt worden: Der oder die Kinderbischöfe, die für ein Jahr gewählt werden, kümmern sich darum, daß in ihrem Ort oder ihrer Gemeinde die Belange der Kinder nicht vergessen werden. Sie setzen sich für ihre Altersgenossen ein, sprechen mit den Kommunalpolitikern und machen auf alles aufmerksam, was nach ihrer Meinung für Kinder verbessert werden sollte.

Ein paar Minuten für den Esel

Einen aber gibt es, der darf nicht vergessen werden. Das ist der Esel. Ohne den geht nichts in der Fluchtgeschichte. Wie wäre die Heilige Familie nach Ägypten gekommen, wenn er nicht Maria und das Jesuskind getragen hätte?

Die Menschen in früheren Jahrhunderten waren dem Esel deshalb sehr dankbar und haben am 28. Dezember auch an ihn gedacht. Wenn sie an diesem Tag einem Esel auf der Straße begegneten – was fast so häufig vorkam, wie wenn unsereins ein Auto sieht –, steckten sie dem Tier etwas Leckeres ins Maul.

In der Bibel kommt der Esel häufig vor. Er trägt treu seine Lasten und dient im Alten Testament als Reittier für die Vornehmen des Landes. Später bevorzugten die Könige Pferde, vor allem jedoch bei Feldzügen. So wurde der Esel zum Symboltier für den Frieden. Weshalb es auch kein besseres Tier gab, auf dessen Rücken Jesus als Friedensfürst in Jerusalem hätte einreiten können.

Gebet

Lieber Herr Jesus Christus,
die Bibel erzählt von Kindern, die gestorben sind,
damit du leben konntest.
Es ist eine traurige Geschichte.
Wir wissen:
Zu allen Zeiten und auch heute noch sterben Kinder,
weil Erwachsene Krieg führen und ihre Macht sichern wollen.
Das ist unerträglich.
Du bist gekommen, nicht um Macht zu haben,
sondern um Liebe zu bringen.
Gottes Liebe.
Ein Esel hat dich nach Ägypten getragen,
auf einem Esel bist du nach Jerusalem geritten.
Das ist das Schöne an dieser Geschichte,
und auch daran wollen wir denken.
Wir wissen:
Du bringst uns den Frieden.

Amen

Heilige Familie

Maria, Joseph und das Kind

Schön und manchmal schwierig:
Mit der Familie hat jeder seine Erfahrungen

Als Jesus im Tempel blieb

Der erste Sonntag nach dem Weihnachtsfest – oder, falls es in der *Oktav*, den acht Tagen danach, keinen gibt, der 30. Dezember – ist der Heiligen Familie gewidmet: Maria, Joseph und dem Kind. Die Familie: ein schönes Thema. Ein wichtiges Thema. Und, manchmal, ein schwieriges Thema. Denn Familie macht auf der einen Seite viel Freude und auf der anderen Seite ist es gar nicht so einfach damit. Das bestätigt auch der folgende Bibeltext:

Die Eltern Jesu gingen jedes Jahr zum Paschafest nach Jerusalem. Als er zwölf Jahre alt geworden war, zogen sie wieder hinauf, wie es dem Festbrauch entsprach. Nachdem die Festtage zu Ende waren, machten sie sich auf den Heimweg. Der junge Jesus aber blieb in Jerusalem, ohne daß seine Eltern es merkten. Sie meinten, er sei irgendwo in der Pilgergruppe, und reisten eine Tagesstrecke weit; dann suchten sie ihn bei den Verwandten und Bekannten. Als sie ihn nicht fanden, kehrten sie nach Jerusalem zurück und suchten ihn dort. Nach drei Tagen fanden sie ihn im Tempel; er saß mitten unter den Lehrern, hörte ihnen zu und stellte Fragen. Alle, die ihn hörten, waren erstaunt über sein Verständnis und über seine Antworten. Als seine Eltern ihn sahen, waren sie sehr betroffen, und seine Mutter sagte zu ihm: Kind, wie konntest du uns das antun? Dein Vater und ich haben dich voll Angst gesucht. Da sagte er zu ihnen: Warum habt ihr mich gesucht? Wußtet ihr nicht, daß ich in dem sein muß, was meinem Vater gehört? Doch sie verstanden nicht, was er damit sagen wollte. Dann kehrte er mit ihnen nach Nazareth zurück und war ihnen gehorsam. Seine Mutter bewahrte alles, was geschehen war, in ihrem Herzen. Jesus aber wuchs heran, und seine Weisheit nahm zu, und er fand Gefallen bei Gott und den Menschen.

(Lukas 2,41–52)

Schade, daß wir nicht wissen, was Jesus im Tempel gesagt hat. Die Szene hat zu allen Zeiten die Phantasie angeregt. Aber noch ist es nicht so weit, daß der Sohn Gottes öffentlich auftritt und sich zu erkennen gibt.

Für Lukas ist diese Geschichte wichtig, weil sie zeigt, wohin Jesus schon als Kind gehört: zu denen, die über Gott nachdenken und ihm nahe sein möchten. Unbeirrt folgt er seinem Bedürfnis und geht zurück in den Tempel. Wir heute würden sagen: Er hat sich abgesetzt und sein Ding gemacht. Die Reaktion der Eltern war vorherzusehen und verständlich angesichts der Sorgen: „Wie konntest du uns das antun?" Eine vorwurfsvolle Frage, die zu allen Zeiten an Kinder und Jugendliche gerichtet wird.

„Was habt ihr denn?" scheint Jesus zu antworten. „Regt euch doch nicht auf, ich habe nur getan, was ich tun mußte." Hier prallen zwei Welten aufeinander wie meistens, wenn Eltern und Kinder verschiedene Meinungen haben. Und apropos Kind: Mit zwölf Jahren war ein Junge zur Zeit Jesu ein vollgültiges Mitglied der Gemeinde.

Eine Geschichte also, die statt in der Bibel auch in jedem modernen Erziehungsratgeber stehen könnte. Und trotzdem gehört sie ausgerechnet zu diesem Tag, der der Heiligen Familie gewidmet ist. Das ist ermutigend, denn damit wird uns gesagt: Meinungsverschiedenheiten kommen in den besten Familien vor. Hauptsache, die Beteiligten tragen sie mit Respekt aus, ohne den anderen zu verletzen. Jesus erklärt, warum er so gehandelt hat, und dann geht er mit zurück nach Nazareth.

Maria aber bewahrt alles in ihrem Herzen. Das heißt: Sie ahnt, daß sie ihren Sohn wird hergeben müssen. So wie jede Mutter das eines Tages muß, und doch noch wieder ganz anders. Sie weiß: Jesus gehört zu seinem Vater im Himmel. Zu seinem Vater, den er später ganz vertraut „Abba – mein Vater" nennen wird, den auch wir so nennen dürfen, wie das Vaterunser zeigt.

Und auch das sagt uns diese Geschichte: Wer eine Familie hat, sollte gut mit ihr umgehen, Eltern mit Kindern, Kinder mit Eltern und die Generationen unter- und miteinander.

Gebet

Lieber Gott,
du bist unser Vater im Himmel.
So dürfen wir dich anreden,
weil du Jesus in die Welt gesandt hast, deinen Sohn.
Wir danken dir dafür, daß wir zu dir gehören dürfen,
und wir danken dir für unsere Familie.
Hilf uns, daß wir gut miteinander umgehen,
daß wir die guten Zeiten miteinander genießen
und im Streiten fair bleiben.
Wir bitten dich:
Schenk auch allen Menschen, die sich einsam fühlen,
einen Ort familiärer Geborgenheit.
Du hast uns nicht dazu geschaffen, allein zu sein.

Amen

Wer den Vater achtet,
wird lange leben,
und wer seiner Mutter Ehre erweist,
der erweist sie dem Herrn.

(Jesus Sirach 3,6)

Schüchtert eure Kinder nicht ein,
damit sie nicht mutlos werden.

(Kolosser 3,21)

Spiel-Idee

Wenn die Tage noch kurz und die Abende lang sind, ist das der richtige Zeitpunkt für ein Spiel mit Licht und Schatten. Zum Beispiel beim Schattenriß-Malen. Früher vergnügten sich vornehme Leute mit diesem Spiel, heute ist es ein Spaß für die ganze Familie.

So geht's: Ein nicht zu dünnes Papier an der Wand befestigen. Das „Modell" setzt sich so davor, daß sein Schatten im Schein einer Lampe klar umrissen auf das Papier fällt. Jetzt fährt der Zeichner den Umriß des Schattens mit dem Bleistift nach und nimmt das Papier ab. Mit schwarzer Tusche wird das Gezeichnete dann komplett ausgemalt. Wenn viele Schattenrisse entstanden sind, kann man hinterher auch raten, welcher wen darstellt.

Silvester

Altjahrestag

„Sorgt euch also nicht um morgen;
denn der morgige Tag wird für sich selbst sorgen"
(Matthäus 6,34)

Unsere Zeit in Gottes Händen

Lange galt der 24. Dezember als letzter Tag des Jahres, weil mit der Geburt Jesu eine neue Zeit angebrochen war. Erst seit der Gregorianischen Kalenderreform feiert man das Jahresende am 31. Dezember, dem Namens- und Todestag von Papst Silvester I. Während der Amtszeit dieses 335 gestorbenen Papstes war Konstantin Kaiser in Rom: Er förderte die christliche Kirche, die bis dahin oft verfolgt worden war, nach Kräften. Für Silvester I. blieb also nicht viel zu tun, und entsprechend wenig wird über ihn berichtet – später hinzugedichtete Wundererzählungen natürlich ausgenommen.

Um so bunter ist seit jeher das Brauchtum an diesem letzten Tag des Jahres: Der Lärm unserer Raketen und Böller sollte einst die bösen Geister vertreiben, die im Volksglauben aus heidnischen Epochen überlebt hatten. Man befragte Orakel, um beispielsweise den Namen des späteren Bräutigams zu erfahren. Das Wetter, die Ernte und vieles mehr wurden von den Umständen des Silvestertages abhängig gemacht.

Der Übergang ins neue Jahr wird als aufregender Moment empfunden und begangen: Noch heute stellen sich in manchen Gegenden alle Anwesenden um Mitternacht auf Stühle und springen gemeinsam ins neue Jahr. Ein schöner Brauch, der etwas von der Spannung des Augenblicks löst.

An Silvester geht es vor allem um eines: um die Zeit und das, was sie bringen wird. Noch heute versuchen wir ja beim Bleigießen eher scherzhaft, einen Blick in die Zukunft zu werfen. Wir würden gern das Schicksal beeinflussen – oder wir tun jedenfalls so.

Gott als Schöpfer der Welt trägt die Zeit in seinen Händen, wie ein berühmtes Gedicht von Jochen Klepper sagt. Wer sich Gott anvertraut, vertraut ihm auch die eigene Zeit an und die Entscheidung darüber, was diese Zeit bringen wird. Das ist entlastend, denn es nimmt den Druck weg, alles selbst perfekt hinbekommen zu müssen. „Alles ist möglich" – diese Zauberformel gilt eben gerade nicht. Auch nicht an Silvester. Und deshalb können wir ganz entspannt und gelassen das alte Jahr verabschieden und das neue willkommen heißen.

Gebet

Herr und Gott,
du bist Herr auch über die Zeit.
Dir vertrauen wir uns an,
an diesem letzten Tag des Jahres.
Noch einmal danken wir dir für dieses Jahr,
für das, was es uns gebracht hat.
Viel Gutes war dabei und auch manches Schwierige.
Gut, daß wir nicht in die Zukunft schauen können,
sondern darauf angewiesen sind, Vertrauen zu haben.
„Sorgt euch nicht um morgen", hast du gesagt,
„denn der morgige Tag wird für sich selbst sorgen."
Bitte schenk uns diese Gelassenheit und dieses Vertrauen,
damit wir auch im neuen Jahr tun können,
was uns wirklich möglich ist.

Amen

Hoffnung ins Geleite

Mit der Freude zieht der Schmerz
Traulich durch die Zeiten.
Schwere Stürme, milde Weste,
Bange Sorgen, frohe Feste
Wandeln sich zur Seiten.

Und wo eine Träne fällt,
Blüht auch eine Rose.
Schon gemischt, noch eh' wir's bitten
Ist für Thronen und für Hütten
Schmerz und Lust im Lose.

War's nicht so im alten Jahr?
Wird's im neuen enden?
Sonnen wallen auf und nieder,
Wolken gehn und kommen wieder
Und kein Wunsch wird's wenden.
Gebe denn, der über uns
Wägt mit rechter Waage,
Jedem Sinn für seine Freuden
Jedem Mut für seine Leiden,
In die neuen Tage.

Jedem auf des Lebens Pfad
Einen Freund zur Seite,
Ein zufriedenes Gemüte
Und zu stiller Herzensgüte
Hoffnung ins Geleite!

(Johann Peter Hebel)

Pikanter Hack-fleischstrudel nach orientalischer Art

Das brauchen wir:
(für 4 Personen)

750 g Rinder- oder
Lammhackfleisch
2 Tomaten
1 Zwiebel
2 Möhren
2 Frühlingszwiebeln
1 kl. Bund glatte Petersilie
100 g Fetakäse
2 EL Rapsöl
Strudelteig (fertig aus dem
Kühlregal)
Jodsalz
Pfeffer
Paprika
Koriander
Piment
1 Eigelb zum Bestreichen

So wird's gemacht:
Möhren und Zwiebeln schä-
len und beides in feine Würfel
schneiden. Tomaten und
Frühlingszwiebeln waschen,
Tomaten ebenfalls in feine
Würfel, Frühlingszwiebeln in
Ringe schneiden. In einer Pfanne
das Rapsöl erhitzen und das
Hackfleisch darin scharf anbraten. Anschließend das gewürfelte
Gemüse zufügen und mitbra-
ten. Die Fleischmasse mit den
Gewürzen abschmecken und
abkühlen lassen. Die Petersilie
waschen und grob hacken.
Den Fetakäse in feine Würfel
schneiden. Beides nun unter die
abgekühlte Fleischmasse heben.
Den Strudelteig aus der Packung
nehmen und auf einer bemehlten
Fläche nach Anweisung ausrollen. Die abgekühlte Fleischmasse
darauf verteilen und den Teig
zusammenrollen. Die Enden fest
verschließen. Den Strudel auf ein
gefettetes Backblech setzen und
mit dem Eigelb einstreichen.
Den Backofen auf 180 ° vorheizen, den Strudel ca. 20 Minuten
backen, bis die Oberfläche goldbraun ist. Zum Servieren den
Strudel in dicke Scheiben aufschneiden und mit Gemüse oder
Salat servieren.

Gottesmutter und Neujahr

Die Gottesmutter

Der erste Tag des Jahres ist Maria gewidmet, der Mutter Gottes. Durch ihren Sohn ist Gott auch unser Vater

Etwas Neues beginnt

Das Evangelium des heutigen Tages berichtet, wie Jesus seinen Namen bekam: „Als acht Tage vorüber waren und das Kind beschnitten werden sollte, gab man ihm den Namen Jesus, den der Engel genannt hatte, noch ehe das Kind im Schoß seiner Mutter empfangen wurde" (Lukas 2,21). Wie jedes Menschenkind, so bekommt auch das Kind in der Krippe einen Namen, von dem alle hoffen, daß er gut zu ihm paßt. Und wir wissen: Der Name „Jeschua" paßt wunderbar – bedeutet er doch „Gott schafft Heil".

Jesus ist aber nicht nur Menschenkind, sondern zugleich Gottes Sohn. Deshalb ist dieser Tag als Hochfest noch einem anderen Namen gewidmet. Seit eineinhalb Jahrtausenden trägt Maria diesen besonderen Ehrentitel: die Gottesgebärerin oder auch Gottesmutter. Er spricht aus, was im Mittelpunkt der Weihnachtsbotschaft steht: daß das Kind in der Krippe Mensch und Gott zugleich ist und nicht etwa nur ein besonders guter, gläubiger Mensch. Der Apostel Paulus findet folgende Worte dafür:

Als aber die Zeit erfüllt war, sandte Gott seinen Sohn, geboren von einer Frau und dem Gesetz unterstellt, damit er die freikaufe, die unter dem Gesetz stehen, und damit wir die Sohnschaft erlangen. Weil ihr aber Söhne seid, sandte Gott den Geist seines Sohnes in unser Herz, den Geist, der ruft: Abba, Vater. Daher bist du nicht mehr Sklave, sondern Sohn; bist du aber Sohn, dann auch Erbe, Erbe durch Gott.

(Galater 4,4–7)

In diesen Worten des Paulus wird deutlich, warum es so wichtig ist, daß Jesus wirklich Gottes Sohn ist: Weil wir durch ihn ebenfalls zu Gottes Kindern werden. Wäre er nur Vorbild, so würde das nicht reichen. Wir

144

wissen aus Erfahrung, daß wir es nicht schaffen würden, ihm gleich zu sein. Aber als Sohn nimmt Jesus uns mit in die Beziehung zum Vater hinein. Das bestätigt das Vaterunser, mit dem er uns ermächtigt hat, Gott auch als unseren Vater anzusprechen. „Abba" bedeutet auf aramäisch „mein Vater".

Diese Beziehung zu Gott, die wir durch Jesus geschenkt bekommen, markiert den Beginn einer neuen Zeit. Deshalb paßt es gut, daß das Hochfest der Gottesmutter auf dem ersten Tag des neuen Jahres liegt – auch hier beginnt ja stets eine neue Zeit.

In den Meßfeiern dieses ersten Tages im Jahr wird der uralte Segen Aarons gesprochen, der im Buch Numeri (4. Buch Mosis) steht. Welche Worte wären besser geeignet, um etwas Neues zu beginnen?

Der Herr segne dich und behüte dich.
Der Herr lasse sein Angesicht über dich leuchten und sei dir gnädig.
Der Herr wende sein Angesicht dir zu und schenke dir Heil.

(Numeri 6,24–26)

Gebet

Herr Jesus Christus,
du bist in die Welt gekommen
als Sohn Marias,
als Gottes Sohn,
als unser Bruder.
Durch dich sind auch wir Gottes Kinder.
Heute, am Neujahrstag,
empfinden wir dieses Geschenk besonders,
diesen Neuanfang mit Gott,
den du uns ermöglichst.
Aber wir wissen:
Dieser Neuanfang gilt täglich.
So wie dein Segen uns täglich begleitet.
Dafür danken wir dir
und bitten dich:
Hilf uns, diesen Segen weiterzugeben,
an jedem Tag in diesem neuen Jahr.

Amen

Zum neuen Jahr

Zum neuen Jahr ein neues Herze,
ein frisches Blatt im Lebensbuch.
Die alte Schuld sei ausgestrichen
und ausgetilgt der alte Fluch.
Zum neuen Jahr ein neues Herze,
ein frisches Blatt im Lebensbuch!
Zum neuen Jahr ein neues Hoffen!
Die Erde wird noch immer wieder grün.
Auch dieser März bringt Lerchenlieder.
Auch dieser Mai bringt Rosen wieder.
Auch dieses Jahr läßt Freuden blühn.
Zum neuen Jahr ein neues Hoffen.
Die Erde wird noch immer grün.

(Karl von Gerok)

Glückszeichen

Seit der Zeit Cäsars (100–44 v. Chr.) beginnt am 1. Januar das neue Jahr. Im deutschsprachigen Raum hat sich dieses Datum allerdings erst mit der Einführung des Gregorianischen Kalenders 1582 endgültig durchgesetzt.

Dem Neujahrstag schreiben wir eine besondere Bedeutung zu: An ihm soll das Wohlergehen fürs ganze Jahr gesichert werden. Wir vermeiden Streit und Auseinandersetzungen. Wir wünschen einander Glück und beschenken uns gegenseitig mit Glückssymbolen, beispielsweise mit vierblättrigen Kleeblättern – wer will, kann darin das Kreuz abgebildet sehen.

Auch Glücksschweinchen aus Marzipan sind beliebt. Darin lebt vermutlich die alte Tradition fort, daß früher bei Schützen- und anderen Festen der Schlechteste einen Trostpreis erhielt: ein Schwein. Deshalb sagt man auch: „Schwein gehabt". Der Glückspfennig hat ebenfalls eine eigene Bedeutung: Er soll mehr Geld anlocken. Und in speziellem Neujahrsgebäck lebt die Sorge früherer Generationen fort, daß im neuen Jahr immer genug zu essen da sein möge.

Wenn es Winter wird

Im Januar beginnt oft erst die richtige kalte Zeit, mit Schnee und Eis, rotgefrorenen Nasen, Schlittenfahrten und Schneeballschlachten. Genießen wir diese Wochen – sie haben ihren ganz eigenen Reiz.

Der See hat eine Haut bekommen,
so daß man fast drauf gehen kann,
und kommt ein großer Fisch geschwommen,
so stößt er mit der Nase an.

Und nimmst du einen Kieselstein
und wirfst ihn drauf, so macht es klirr
und titscher – titscher – titscher – dirr ...
Heißa, du lustiger Kieselstein!
Er zwitschert wie ein Vögelein
und tut als wie ein Schwälblein fliegen –
doch endlich bleibt mein Kieselstein
ganz weit, ganz weit auf dem See draußen liegen.

Da kommen die Fische haufenweis
und schaun durch das klare Fenster von Eis
und denken, der Stein wär etwas zum Essen;
doch so sehr sie die Nase ans Eis auch pressen,
das Eis ist zu dick, das Eis ist zu alt,
sie machen sich nur die Nasen kalt.

Aber bald, aber bald
werden wir selbst auf eignen Sohlen
hinausgehn können und den Stein wieder holen.

(Christian Morgenstern)

Basilius

Der Mönch

*Er suchte die Einsamkeit, um Gott zu begegnen,
und wurde ein Wohltäter der Menschen*

Ein Verteidiger der Dreieinigkeit

Sein Name bedeutet „der Königliche". Basilius der Große, dessen Gedenktag wir heute begehen, gehört zu den Lehrern der Kirche, zu den Kirchenvätern. Vor allem aber verdankt ihm das Mönchtum sehr viel.

Basilius wurde im Jahr 329 geboren. Er war das zweitälteste von acht Kindern einer angesehenen und frommen Familie in Cäsarea, dem heutigen Kayseri in der Türkei. Ursprünglich wollte Basilius wie sein späterer Briefpartner Ambrosius von Mailand Anwalt und Redner werden. Sein Studium führte ihn nach Konstantinopel und Athen. Hier beschäftigte er sich mit Rhetorik, Grammatik, Philosophie, Astronomie, Geometrie und Medizin – Wissen, das ihm später für seine theologischen Schriften nützlich war. Hier fand er auch einen Freund fürs Leben: Gregor von Nazianz.

Im Jahr 356 oder 357 wurde Basilius getauft und ging danach auf eine weitere große Studienreise: Die Asketen und Einsiedler in Ägypten, Palästina, Syrien und Mesopotamien interessierten ihn. Das waren Männer und Frauen, die in der Einsamkeit versuchten, Gott näherzukommen. Zunächst lebte jeder dieser Gottsucher für sich allein. Als es jedoch immer mehr wurden, schlossen sie sich zu Gemeinschaften zusammen. Aus diesen Eremitenkolonien entwickelten sich die Klöster.

Basilius begeisterte sich für diese Lebensform und beschloß, sie für sich zu übernehmen. Er lebte als Mönch zunächst in Syrien und Ägypten, bevor er sich gemeinsam mit Gregor von Nazianz im Jahr 358 als Einsiedler bei Cäsarea niederließ.

Sechs Jahre dauerte die Einsamkeit, dann wurde er doch in die Welt zurückgerufen: Erzbischof Eusebius von Cäsarea weihte ihn zum Priester, und sechs Jahre später wurde Basilius sein Nachfolger und Metropolit der Provinz Kappadozien. Noch heute heißen er, sein Bruder Gregor von Nyssa und der Freund Gregor von Nazianz die „drei Kappadokier", wobei Basilius schon zu Lebzeiten „der Große" genannt wurde.

Als Priester und Erzbischof kümmerte Basilius sich sehr um die Menschen. Während einer Hungersnot spendete er sein Erbe und arbeitete selbst in einer Suppenküche mit, damit die Bevölkerung zu essen hatte. Dabei half er Christen und Juden gleichermaßen, ohne eine Seite zu bevorzugen. Er predigte immer wieder, daß die Reichen ihren Besitz nutzen sollten, um den Armen zu helfen. Mit Hilfe einer kaiserlichen Schenkung gründete er in Cäsarea die geistliche Stadt Basilias: Sie enthielt Kranken- und Armenhäuser, dazu ein Asyl für Aussätzige.

Berühmt war Basilius als Prediger und als Briefpartner der klügsten Köpfe seiner Zeit. Mit eigenen Schriften griff er in die theologischen Debatten ein und sorgte für den Zusammenhalt der Bischöfe. Besonders viel dachte er über den Heiligen Geist und die Dreieinigkeit Gottes nach, die er gegen andere theologische Richtungen erfolgreich verteidigte. Und er prägte das Mönchtum der Ostkirche, entwickelte die orthodoxe Mönchsregel, deren wichtigste Bestandteile Gehorsam, Gebet und Arbeit sind. Benedikt von Nursia sollte diese Regel später seiner eigenen zugrunde legen. Wie wichtig Basilius für die Ostkirche wurde, zeigt sich daran, daß der russische Name Wassilij sehr häufig ist – er stammt von Basilius ab.

Mit 49 Jahren starb der große Kappadokier nach längerer Krankheit. Wie aus seinen Briefen und denen seiner Familie und Freunde bekannt ist, war er ohnehin viel leidend gewesen. Eine Anekdote berichtet, daß ihm einmal ein römischer Präfekt androhte, ihm die Leber aus dem Leib reißen zu lassen, woraufhin Basilius nur erwidert haben soll, das sei ihm ganz recht, weil ihm seine Leber an ihrem gegenwärtigen Platz ohnehin nur Ärger mache.

Dank der vielen schriftlichen Quellen wissen wir auch gut, wie der Kirchenvater ausgesehen hat: groß und hager, dunkelhaarig, mit schmalem Gesicht, einer langen Nase und vielen Stirnfalten.

Trotz seiner Wirksamkeit und seiner geistreichen, ironischen Art ist Basilius der Große uns im westlichen Abendland nicht mehr sehr gegenwärtig. Aber ganz vergessen sollten wir ihn nicht, diesen großen Lehrer und Schutzheiligen der Mönche. Sein Todestag ist der 1. Januar. Noch heute bekommen die Kinder in der orthodoxen Kirche oft am Neujahrstag statt an Weihnachten Geschenke. Und Neujahrsbrot oder Pasteten werden gebacken, mit einer versteckten Münze darin. Wer die Münze findet, soll das ganze Jahr über Glück haben. Weil der 1. Januar in der lateinischen Kirche der Gottesmutter gewidmet ist, wird Basilius bei uns am 2. Januar verehrt.

Aus dem 17. Jahrhundert

Gott Vater, laß zu deiner Ehr dein Wort sich weit ausbreiten! Hilf, Jesu, daß uns deine Lehr erleuchten mög und leiten! O Heilger Geist, dein göttlich Wort laß in uns wirken fort und fort Glaub, Lieb, Geduld und Hoffnung.

(David Denicke)

Dreikönig

Epiphanie

In Jesus Christus erscheint uns Gott.
Das wird heute besonders deutlich

Die Anbetung der Sterndeuter

Heute wird das Hochfest Dreikönig gefeiert und dazu auch des Wunders zu Kana gedacht. Der griechische Name des Tages lautet Epiphanie, das kommt von „Epiphania – Erscheinung". Wer erscheint heute? Es ist Gott, in der Gestalt des Kindes von Bethlehem. Nichts anderes also als an Weihnachten? Tatsächlich wird der 6. Januar ja auch „kleine Weihnachten" genannt, die östliche Kirche feierte in den ersten Jahrhunderten sogar erst an diesem Tag die Geburt Jesu.

Trotzdem besteht ein Unterschied zwischen Weihnachten und Epiphanie. Man könnte sagen: An Weihnachten betrachten wir besonders die Menschlichkeit Jesu Christi, die sich in den äußeren, ärmlichen Umständen seiner Geburt deutlich zeigt. An Epiphanie hingegen betrachten wir seine Göttlichkeit. Beides, Mensch und Gott, gehören in Jesus Christus zusammen.

Wie wird diese Göttlichkeit betrachtet? Glücklicherweise haben wir Helfer, die uns das zeigen: die Heiligen Drei Könige. Ihre Anbetung gilt dem göttlichen Kind: Sie nennen es einen König und wollen ihm huldigen. Im Matthäusevangelium wird davon berichtet:

Als Jesus zur Zeit des Königs Herodes in Bethlehem in Judäa geboren worden war, kamen Sterndeuter aus dem Osten nach Jerusalem und fragten: Wo ist der neugeborene König der Juden? Wir haben seinen Stern aufgehen sehen und sind gekommen, um ihm zu huldigen. Als König Herodes das hörte, erschrak er und mit ihm ganz Jerusalem. Er ließ alle Hohenpriester und Schriftgelehrten des Volkes zusammenkommen und erkundigte sich bei ihnen, wo der Messias geboren werden solle. Sie antworteten ihm: In Bethlehem in Judäa; denn so steht es bei dem Propheten: Du, Bethlehem im Gebiet von Juda, bist keineswegs die unbedeutendste unter den führenden Städten von Juda; denn aus dir wird ein Fürst hervorgehen, der Hirt meines Volkes Israel.

Danach rief Herodes die Sterndeuter heimlich zu sich und ließ sich von ihnen genau sagen, wann der Stern erschienen war. Dann schickte er sie nach Bethlehem und sagte: Geht und forscht sorgfältig nach, wo das Kind ist; und wenn ihr es gefunden habt, berichtet mir, damit auch ich hingehe und ihm huldige. Nach diesen Worten des Königs machten sie sich auf den Weg. Und der Stern, den sie hatten aufgehen sehen, zog vor ihnen her bis zu dem Ort, wo das Kind war; dort blieb er stehen. Als sie den Stern sahen, wurden sie von sehr großer Freude erfüllt. Sie gingen in das Haus und sahen das Kind und Maria, seine Mutter; da fielen sie nieder und huldigten ihm. Dann holten sie ihre Schätze hervor und brachten ihm Gold, Weihrauch und Myrrhe als Gaben dar. Weil ihnen aber im Traum geboten wurde, nicht zu Herodes zurückzukehren, zogen sie auf einem anderen Weg heim in ihr Land.

(Matthäus 2,1–12)

In diesem Evangelientext wird Jesus als König bezeichnet, also als jemand Hoheitsvolles, Mächtiges. Die Ehrentitel sollen darauf verweisen, daß er Sohn Gottes ist – nicht nur wahrer Mensch, sondern auch wahrer Gott.

An dem Bibeltext fällt aber noch etwas auf: Erstens sind die Könige nicht drei, und zweitens sind es auch gar keine Könige, sondern Sterndeuter, Weise, Priester oder Magier aus dem Osten – vermutlich aus Persien. Und wie sie heißen, verrät uns das Evangelium nicht.

Wie es von diesem Bibeltext zu den verehrten drei Königen Caspar, Melchior und Balthasar gekommen ist, läßt sich aber leicht nachverfolgen. Ihren Ursprung haben diese Vorstellungen in späteren Überlieferungen, die im Lauf der Jahrhunderte entstanden sind.

Die Heiligen Drei Könige

Drei Geschenke bringen die Sterndeuter nach dem Evangelium: Gold, Weihrauch und Myrrhe. Von der Dreizahl der Geschenke schloß man im 5. Jahrhundert ganz logisch darauf, daß es auch drei Schenker gewesen sein mußten. Und dann wurde das Erzählte immer weiter ausgeschmückt und ausgedeutet. Seit dem 8. Jahrhundert trugen die drei Sterndeuter Namen und waren den drei Lebensaltern zugeordnet: Caspar galt als Jüngling, Balthasar als Mann der Lebensmitte und Melchior als Greis. Außerdem sollten sie die drei Erdteile verkörpern, aus denen sie gekommen waren: Asien, Europa und Afrika. Wiederum Jahrhunderte später stellte man sich einen der drei mit schwarzer Hautfarbe vor, zunächst war es Caspar, dann Melchior, der zugleich als Vornehmster galt.

Bereits aus dem 5. Jahrhundert stammt die Vorstellung, die drei Sterndeuter seien eigentlich Könige gewesen. Dazu trugen zwei Verse aus dem Alten Testament bei: „Völker wandern zu deinem Licht und Könige zu deinem strahlenden Glanz" (Jesaja 60,3) und „Die Könige von Tarschisch und von den Inseln bringen Geschenke, die Könige von Saba und Seba kommen mit Gaben" (Psalm 72,10).

Die Geschenke haben jeweils ihre eigene Bedeutung. Gold ist wegen seiner Pracht und seines Wertes das Geschenk für einen König: Christus ist Herrscher der ganzen Welt. Die Myrrhe diente in der Antike als Kosmetik und Betäubungsmittel: Vor seiner Kreuzigung wird Jesus mit Myrrhe vermischter Wein angeboten, den er ablehnt. So verweist diese Gabe der Sterndeuter schon auf Karfreitag. Der Weihrauch schließlich steht für die Vergeistigung: Er steigt auf und symbolisiert so die Verbindung zum Himmel, zum Göttlichen. Noch heute wird er ja in der Kirche verwendet.

Die Legende erzählt, daß die Heiligen Drei Könige sich taufen ließen und Priester und Bischöfe geworden seien – Dinge, die sich ebensowenig überprüfen lassen wie die Tatsache, ob es wirklich drei Sterndeuter an der Krippe gegeben hat. In Köln und in Mailand ruhen jedoch bis heute Reliquien, die ihnen zugeschrieben werden. Sie sollen von Syrien aus nach Mailand gelangt sein, von wo aus sie im Mittelalter nach Köln gebracht und zu einem wichtigen Wallfahrtsziel wurden. Weil sie selbst eine lange Reise zur Krippe unternommen hatten, wurden die Heiligen Drei Könige zu Schutzherren der Reisenden. Die Menschen pilgerten nach Köln, baten sie um Beistand unterwegs und um Gesundheit. Noch heute tragen deshalb viele Gaststätten und Apotheken Namen, die auf die drei verweisen: „Stern" oder „Mohr" zum Beispiel.

Im Kölner Dom knieten jahrhundertelang auch immer wieder Kaiser und Könige vor dem Dreikönigsschrein. So stark war der Glaube an die Vorbildhaftigkeit und Fürsprache der drei Weisen bei Gott. 1903 dann gab der Kölner Kardinalerzbischof einen Teil der Reliquien nach Mailand zurück: In der Neuzeit streitet man sich nicht mehr um Reliquien.

Die Krippe an Dreikönig

Heute, am 6. Januar, geschieht auch wieder etwas an unserer Krippe: Die drei Sterndeuter sind jetzt angekommen. Auf Kamelen oder zu Fuß haben sie sich genähert, immer geleitet vom Stern. Jetzt bleiben sie im Eingang des Stalls oder der Höhle stehen. Dämmrig ist es darin. Maria und Joseph sind bei dem Kind, hinter ihnen strecken Ochse und Esel neugierig ihre Köpfe hervor. Die drei Sterndeuter fassen sich ein Herz und treten ganz nah an die Krippe heran. Es verwundert sie kein bißchen, daß der König, den sie gesucht haben, ein kleines Baby ist. Und auch die Ärmlichkeit der ganzen Szenerie läßt sie nicht zweifeln: Sie sind am Ziel.

Gebet

Lieber Herr Jesus Christus,
heute hören wir die Geschichte der drei weisen Männer,
mögen sie nun Könige gewesen sein oder Astronomen.
Sie haben dich gesucht,
weil sie ahnten,
daß Macht und Weisheit allein nicht glücklich machen.
Sie folgten dem Stern bis nach Bethlehem.
Sie fanden dich, das Kind in der ärmlichen Krippe,
und erkannten in dir Gott.
Bitte hilf, daß auch wir dich erkennen,
wo du uns begegnest,
egal, in welcher Umgebung.
Und daß wir unterscheiden zwischen Macht und Weisheit dieser Welt,
und dem, was bei dir gilt:
der Liebe zu allen Menschen.

Amen

Hier kommen drei Könige mit ihrem Stern

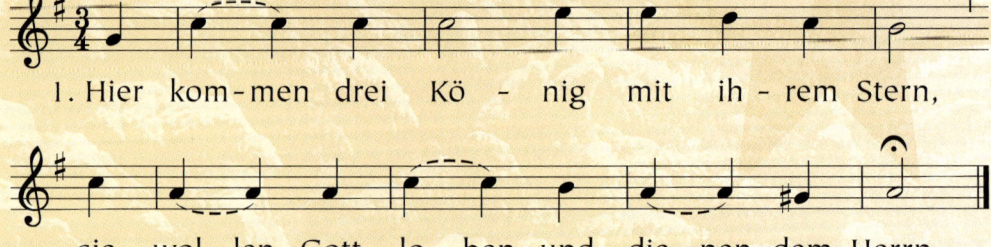

1. Hier kom-men drei Kö - nig mit ih - rem Stern,

sie wol - len Gott lo - ben und die - nen dem Herrn.

2. Hier sind die drei Weisen mit ihrem Stern,
sie loben Gott und dienen dem Herrn.

3. Wir kamen vor Herodes' Tür.
Herodes sprach: „Was wollt ihr hier?"

4. „Nach Bethlehem steht uns der Sinn,
nach Bethlehem steht uns der Sinn."

5. Wir fanden das Kindlein wohl nackt und bloß
und legten's Maria wohl auf den Schoß.

6. Wir gaben dem Kindlein auch unsre Geschenk',
daß uns der liebe Gott auch wieder gedenk.

7. Ihr habt uns auch eine Verehrung gegeben;
Gott laß euch dies Jahr in Freuden erleben.

8. In Freuden, in Freuden auch immerdar,
das wünschen wir euch fürs ganze Jahr.

9. Das wünschen wir Vater, Mutter und Kind
und allen, die im Hause sind.

10. Wer auf den lieben Gott vertraut,
der hat auf festen Grund gebaut.

(Volkslied, vermutlich aus dem Siebengebirge)

154

Der Stern und die Sternsinger

Der Stern von Bethlehem hat schon immer zu Fragen und Phantasien angeregt. Astronomen haben versucht, ihn durch Berechnungen ausfindig zu machen. Waren es Jupiter und Saturn im Sternbild der Fische, die durch ihre mehrfachen Begegnungen im Jahr 7 v. Chr. für ein solch ungewöhnliches Licht gesorgt haben? War es der Halleysche Komet? Oder eine implodierte Sonne, eine sogenannte Supernova?

All diese Fragen sind zwar interessant, aber doch letztlich nicht entscheidend. Daß Gott in die Welt gekommen ist, zeigt sich in der Liebe Jesu, in seinen Worten und Taten und in unseren Glaubenserfahrungen bis heute. So ist es nicht verkehrt, den Stern von Bethlehem vor allem als Symbol zu verstehen: dafür, daß es hell geworden ist in der Welt und in den Seelen der Menschen, die Jesus begegnen.

In diesem Sinne gehen heute auch die Sternsinger von Haus zu Haus, um das Licht weiterzutragen. Sie greifen damit einen alten Brauch auf, der seinen Ursprung in weihnachtlichen Schauspielen hat. Doch während früher arme Handwerker oder Kinder an den Haustüren für sich selbst um Essen, Süßigkeiten oder Geschenke baten, tun die Sternsinger dies heute für die Kinder in den armen Ländern der Erde. Sie singen ein Lied, bitten um Gaben und segnen das Haus.

Als sichtbares Zeichen dieses Segens schreiben sie mit Kreide die Ziffern des neuen Jahres über die Haustür, verbunden mit den Buchstaben C, M und B. Das sind nicht nur die Anfangsbuchstaben von Caspar, Melchior und Balthasar, sondern auch des Segensspruches „Christus mansionem benedicat – Christus segne dieses Haus".

Bei den Haussegnungen ist es oft auch üblich, die ganze Wohnung mit geweihtem Wasser zu besprengen: mit dem Dreikönigswasser. Das Wasser wurde zuvor in die Kirche gebracht und gesegnet. Der Brauch der Wasserweihe knüpft an die biblische Geschichte vom Wunder zu Kana an, die ebenfalls zu den Bibeltexten für den 6. Januar gehört. Sie paßt ja auch wirklich gut zu diesem Tag. Denn das Wunder zu Kana, das von der Verwandlung von Wasser in Wein handelt, betont die Göttlichkeit Jesu Christi, die heute im Mittelpunkt steht. Und ist nicht Wasser das Element des Lebens?

155

Das Ende der Rauhnächte

Am Dreikönigstag, der früher auch Groß-Neujahr genannt wurde, endete nach altem Volksglauben die schlimmste Zeit des Winters: die der Rauhnächte. Seit dem 25. Dezember waren die bösen Geister, das Totenheer oder die Wilde Jagd durch die Lüfte gesaust, eine Bedrohung für alle gläubigen Seelen. Angeführt wurden die Geisterzüge von der Frau Percht oder auch Perchta/Berta. Die Wissenschaftler streiten sich, ob dieser Name vom althochdeutschen Begriff „peraht – leuchten" kommt oder von „pergan – bergen, begraben". Die Percht, eine heidnische Gottheit des östlichen Alpenlandes, stellten sich die Menschen sowohl strahlend schön als auch furchterregend häßlich vor – dementsprechend konnte sie nach Belieben belohnen und bestrafen. Als freundliche, mildtätige Gottheit war sie die „Holde", als bedrohliche, strafende Todesgöttin die „Unholde". In der Gestalt der Frau Holle (von „Hel – Hölle") begegnet sie uns in den Grimmschen Märchen. Der 6. Januar war ihr Tag.

Mit den Perchtenläufen versuchten die Menschen zu früheren Zeiten, den Dämon zu täuschen: Sie zogen sich Masken über und vermummten sich, um mit Glocken- und Schellengeläute die Percht mit ihrem Gefolge aus dem Dorf und von den Feldern zu treiben. Zum Schutz vor den bösen Geistern wurden Haus und Hof mit Weihrauch ausgeräuchert. Noch heute leben die Perchtenläufe folkloristisch fort.

Eine Erinnerung an die Hexenhaftigkeit der Percht steckt auch in der Hexe Befana, die in Italien die Kinder am Dreikönigstag beschert. Der Name dieser Hexe stammt von „Epiphania".

Noch andere Bräuche gab es zu Dreikönig: Ähnlich wie die Krippenspiele machten Dreikönigsspiele die Szenerie der Anbetung für das Volk lebendig und schmückten sie immer mehr aus. Dabei wurden die Grenzen des Religiösen weit überschritten, das Ganze entwickelte sich zur Volksbelustigung. Vermutlich hat sogar der Kasper aus dem Marionettentheater seinen Ursprung im Caspar des Dreikönigstages.

Es ist eine alte Tradition, am Dreikönigstag den Baum zu plündern und abzubauen. Bei diesem „Abblümeln" bekamen die Kinder die Süßigkeiten, die an den Zweigen hingen. Wer mag, kann den Baum aber noch stehenlassen – viele Familien halten es so. Denn der Weihnachtsfestkreis endet erst an Mariä Lichtmeß.

Schneegugelhupf mit Königsbohne

Es muß nicht unbedingt ein klassischer Dreikönigskuchen aus Hefe sein. Auch dieser Gugelhupf eignet sich gut für das Bohnenkönig-Spiel. Wer die Bohne findet, ist König für diesen Tag.

Das brauchen wir:
(für ca. 16 Stück)

150 g weiche Butter
160 g Zucker
1 Bourbon-Vanillezucker
6 Eier
3 EL 20%iger Sauerrahm
2 cl Orangensaft
300 g Mehl
1 geh. TL Backpulver
1 Prise Salz
100 g weiße Kuvertüre
2 EL Kakao
½ TL Zimt
1–2 EL Puderzucker
1 Bohnenkern

So wird's gemacht:
Butter mit Zucker und Vanillezucker cremig rühren. Eier trennen. Eigelb Stück für Stück in die Butter-Zucker-Masse rühren. Orangensaft und Sauerrahm dazugeben. Mehl mit Backpulver mischen und einrühren. Eiweiß mit Salz zu steifem Schnee schlagen und vorsichtig unterziehen. Weiße Kuvertüre zerbröckeln, bei milder Hitze im Wasserbad schmelzen. Ein Drittel der Teigmenge abnehmen und mit der flüssigen Kuvertüre verrühren. In den restlichen Teig Kakao und Zimt rühren.
Eine Gugelhupfform (Inhalt 1,5 l) fetten. Dunklen Teig in die Form füllen, die Bohne dazugeben, darauf den weißen Teig schichten. Eine Gabel in Spiralen durch den Teig ziehen, so daß sich heller und dunkler Teig mischen. Kuchen in den kalten Backofen auf die untere Schiene stellen. Bei 180 ° ca. 60 Minuten backen. Gegen Ende der Backzeit Stäbchenprobe machen. Ist der Kuchen ganz durchgebacken, Backform aus dem Ofen nehmen. Einige Minuten abkühlen lassen und dann stürzen. Gugelhupf auf einem Kuchengitter abkühlen lassen. Mit gesiebtem Puderzucker bestäuben.

Taufe des Herrn

Das Ereignis am Jordan

Mit der Taufe beginnt Jesus öffentlich zu wirken.
Gottes Geist ermächtigt ihn dazu

Die Taube als Botin der Liebe

Erinnern wir uns an den zweiten und dritten Sonntag im Advent: Da ist uns Johannes der Täufer begegnet. Am Jordan predigte er und taufte die Menschen, die zu Gott umkehren wollten.

Die Evangelien berichten, daß auch Jesus den Johannes aufsuchte und von ihm als Sohn Gottes erkannt wurde. Auch Jesus ließ sich von Johannes taufen. Und dabei geschah etwas ganz Besonderes:

Johannes verkündete: Nach mir kommt einer, der ist stärker als ich; ich bin es nicht wert, mich zu bücken, um ihm die Schuhe aufzuschnüren. Ich habe euch nur mit Wasser getauft, er aber wird euch mit dem Heiligen Geist taufen. In jenen Tagen kam Jesus aus Nazaret in Galiläa und ließ sich von Johannes im Jordan taufen. Und als er aus dem Wasser stieg, sah er, daß der Himmel sich öffnete und der Geist wie eine Taube auf ihn herabkam. Und eine Stimme aus dem Himmel sprach: Du bist mein geliebter Sohn, an dir habe ich Gefallen gefunden.

(Markus 1,7–11)

Gott selbst gibt sich hier als Vater Jesu zu erkennen. Wie an Epiphanie geht es also auch heute, bei der Taufe des Heilands, um das Göttliche in Jesus Christus.

Eine eigene Rolle spielt dabei die Taube. Sie ist aus dem Alten Testament als Botin der Liebe bekannt: „Zwei Tauben sind deine Augen", heißt es im Hohelied der Liebe (Hohelied 1,15). So ist auch die Taufszene am Jordan zu verstehen: In Gestalt einer Taube überbringt der Heilige Geist Jesus die Liebe Gottes. Die Taube dient als Zeichen dieser Liebe.

Die Taufe ist sozusagen der erste öffentliche Auftritt des Gottessohnes. Er bekommt den Geist Gottes verliehen, das heißt: Ab jetzt wirkt er in Gottes Namen und mit Gottes Kraft. Alle Wundergeschichten in den Evangelien sind von hier aus, von der Taufe her zu verstehen.

Der Geist Gottes, der Jesus durch die Taufe sichtbar verliehen wird, begegnet in der Bibel bereits im Alten Testament: Er steht für die Macht Gottes, für sein Wirken an den Menschen. Gottes Geist ergreift zum Beispiel die Propheten und schenkt ihnen ihre Visionen.

Jesus handelt mit der Macht des Geistes, also mit göttlicher Vollmacht. Und er verspricht seinen Jüngern, daß der Geist als Beistand bei ihnen bleibt, wenn er selbst zum Vater geht. Auf diesen Beistand durch den Heiligen Geist bis zur Wiederkehr Jesu verlassen sich die Gläubigen bis heute.

So wenig jedoch, wie an der Weihnachtskrippe das Kreuz vergessen werden darf, so sehr steht es auch in der Taufszene am Jordan schon unsichtbar dabei. Jesus bekommt Gottes Geist nicht einfach, weil es so etwas Besonderes ist, Wunder zu tun, sondern weil er in diesem Geist ans Kreuz geht, um uns mit Gott zu versöhnen. Der Geist ist auch Jesu Beistand.

Das erste Lied vom Gottesknecht

Im Buch des Propheten Jesaja finden sich mehrere Lieder. Sie besingen einen Propheten oder König, der mit Gottes Geist begabt ist: den Gottesknecht. Die Kirche hat in dieser alttestamentlichen Gestalt Jesus Christus wiedererkannt.

So spricht Gott, der Herr:
Seht, das ist mein Knecht, den ich stütze;
das ist mein Erwählter, an ihm finde ich Gefallen.
Ich habe meinen Geist auf ihn gelegt,
er bringt den Völkern das Recht.
Er schreit nicht und lärmt nicht
und läßt seine Stimme nicht auf der Straße erschallen.
Das geknickte Rohr zerbricht er nicht,
und den glimmenden Docht löscht er nicht aus;
ja, er bringt wirklich das Recht.
Er wird nicht müde und bricht nicht zusammen,
bis er auf der Erde das Recht begründet hat.
Auf sein Gesetz warten die Inseln.
Ich, der Herr, habe dich aus Gerechtigkeit gerufen,
ich fasse dich an der Hand.
Ich habe dich geschaffen und dazu bestimmt,
der Bund für mein Volk
und das Licht für die Völker zu sein:
blinde Augen zu öffnen,
Gefangene aus dem Kerker zu holen
und alle, die im Dunkel sitzen,
aus ihrer Haft zu befreien.

(Jesaja 42)

Ein Pauluswort

*Die Liebe Gottes ist ausgegossen
in unsere Herzen durch den Heiligen Geist,
der uns gegeben ist.*

(Römer 5,5)

Antonius

Der Einsiedler

Wer von Menschen besucht wird,
*   kann nicht von den Engeln besucht werden*
(Sulpicius Severus)

Ein Gottsucher in der Wüste

Am 2. Januar sind wir ihnen in der Lebensgeschichte des Basilius schon einmal begegnet: den Gottsuchern, die sich in die Einsamkeit der Wüsten zurückzogen, um auf ihrem spirituellen Weg nicht abgelenkt zu werden. Heute lernen wir ihren Gründervater kennen: Antonius. Wie Basilius wird er „der Große" genannt. Die Lebensgeschichte des um das Jahr 251 Geborenen führt uns nach Ägypten, in die Wüste …

Heiß ist es in der Wüste, unendlich heiß. Tag für Tag brennt eine unbarmherzige Sonne auf die kahle Landschaft herunter. Zerklüftete Felskegel ragen dunkel aus dem geblichen Sand. Hier und da wächst mageres Gestrüpp, das den Namen Gebüsch kaum verdient. Schatten spendet es nicht – den gibt es nur unter den Felsvorsprüngen und in den Höhlen dieses Gebirges, das „Arabische Wüste" heißt und an die fruchtbare Ebene des Nils grenzt.

Am Rand der Wüste haben Menschen Kammern in das Gestein gehauen, um hier ihre Toten zu beerdigen. In einer solchen unbenutzten Felsengrabkammer lebt Antonius, später wird er sich noch tiefer in die Wüste zurückziehen, bis nahe ans Ufer des Roten Meeres.

Der Abkömmling einer wohlhabenden Familie aus Keman in Mittelägypten ist tief beeindruckt von der biblischen Geschichte des reichen jungen Mannes, der sein Vermögen mehr liebte als Gott. „Wenn du vollkommen sein willst, geh, verkauf deinen Besitz und gib das Geld den Armen; so wirst du einen bleibenden Schatz im Himmel haben; dann komm und folge mir nach." So hatte Jesus einst zu jenem jungen Mann gesprochen (Matthäus 19,21). Doch dieser wollte sich nicht von seinem Besitz trennen, wie die Bibel erzählt. Antonius dagegen will es richtig machen. Er will die Vollkommenheit erreichen, von der Jesus spricht. Nach seinem Tod verkauft und verschenkt er alles, gibt seine Schwester in eine Jungfrauengemeinschaft und geht selbst in die Einsamkeit.

Warum ausgerechnet die Einsamkeit? Ist Gott hier eher zu finden als inmitten des geschäftigen Lebens? Antonius glaubt fest daran. Und wo sonst als in der Wüste warten die Dämonen, die Verführer, deren Versuchungen man sich stellen muß? Schon Jesus hat in der Wüste mit dem Teufel gekämpft. Ihm will Antonius es gleich tun. Er will die Vollkommenheit …

Antonius, so erzählte man sich später, wurde über 100 Jahre alt. Zweimal verließ er im Lauf seines langen Lebens seine Einsamkeit: um in Alexandria seinen Glaubensbrüdern während der Christenverfolgung beizustehen und dann, als der Streit mit der arianischen Lehre die Christenheit zu spalten drohte. Da bat sein Freund Athanasius, der Metropolit von Alexandria, ihn um Unterstützung. Und noch eine Verbindung zur Welt da draußen gab es, durch einen intensiven Briefwechsel mit Kaiser Konstantin.

Antonius wollte allein sein, aber er zog die Menschen an: Mit den Jahren sprach es sich herum, daß in der Wüste ein frommer Mann lebte, der beinahe die Vollkommenheit erlangt habe. Andere Gläubige gingen hinaus, um sich von ihm heilen zu lassen, um in seiner Nähe zu leben und von ihm zu lernen. So entstand langsam eine Kolonie von Einsiedlern. Jeder blieb für sich, nur im gemeinsamen Gottesdienst, in seelsorglichen Gesprächen und für die notwendigsten wirtschaftlichen Angelegenheiten kam man zusammen. Die Zeit war anscheinend reif dafür: Weitere Eremitenkolonien entstanden in Ägypten und Palästina. Für sie alle waren Verzicht und Zurückgezogenheit das Wichtigste. Aus diesen Einsiedlergemeinden entwickelten sich dann im 4. Jahrhundert die Klöster. Eines der ersten war Tabennísi am rechten Nilufer.

Antonius allerdings blieb allein. Schon bald nach seinem Tod im Jahr 356 hieß er „der Große". Sein Freund Athanasius schrieb sein Leben auf und zeichnete darin das Idealbild eines Mönches. So wurde Antonius zum Vorbild bis heute.

Wie es weiterging

Ein heiligmäßiger Mann, der in der Wüste mit dem Unheimlichen kämpft – die Lebensbeschreibung, die Athanasius verfaßt hat, schmückt dieses spannende Thema reich aus: Der Teufel bot Antonius Reichtum, sexuellen Genuß und köstliches Essen an, um ihn von seinem Weg abzubringen – vergebens. Selbst die Visionen tierischer Bestien, mit denen der Dämon den Eremiten einzuschüchtern versuchte, verfehlten ihre Wirkung. Antonius blieb standhaft.

Auch die Bescheidenheit gehört zu den Tugenden des Einsiedlers: Antonius wollte ein geheimes Grab, damit seine Gebeine nicht verehrt würden. Sie wurden jedoch entdeckt und im 6. Jahrhundert als Reliquien nach Alexandria gebracht, im Jahr 695 dann nach Konstantinopel. Von hier kamen sie um das Jahr 1000 nach Südfrankreich, wo sie 1491 in Arles ihre letzte Bleibe fanden.

Auch in St. Antoine, dem Stammkloster des Antoniter-Ordens bei Grenoble, ruhen Reliquien. Dieser Orden ist 1095 von einem französischen Adligen gegründet worden, nachdem sein Sohn angesichts der Reliquien gesund geworden war. Antonius wurde deshalb besonders von den Rittern als Patron verehrt. Der Antoniter-Orden widmete sich der Krankenpflege und kümmerte sich vor allem um die Menschen, die am sogenannten Antoniusfeuer erkrankt waren. So hieß im Mittelalter die Vergiftung durch den Mutterkornpilz, deren wahre Ursache man damals noch nicht erkannt hatte. Später ging der Antoniter-Orden im Malteser-Orden auf.

Antonius ist auch der Schutzherr der Haustiere, deshalb wird er oft mit einem Schwein abgebildet. Die Antoniter durften zum Dank für ihr Wirken ihre Schweine frei weiden lassen, jeder fütterte sie. Ein Glöckchen kennzeichnete diese besonderen Schweine, von denen oft eines am 17. Januar, dem Gedenktag des Antonius, für die Armen geschlachtet wurde. Denn auch die Glocke ist ein Attribut des Antonius in der Kunst: Sie warnt Gesunde und kündigt den Kranken Hilfe an. Ein anderes Kennzeichen des Eremiten ist das Kreuz: Er trägt es bei sich wie eine Krücke, auf die er sich stützen kann. Ein gutes Bild.

Schweinefilet in Kräuterteig

Das brauchen wir:
(für 4 Personen)

1 gr. Schweinefilet (ca. 900 g)
1 Paket gekühlten Frischteig
(ungesüßt)
je 1 kl. Bund Petersilie,
Majoran, Thymian
Jodsalz
Pfeffer
1 EL Butterschmalz
1 TL Tomatenmark
0,1 l Fleischbrühe
0,1 l Rotwein
1 EL kalte Butter

Für das Gemüse:
1 kl. Kopf Blumenkohl
500 g Brokkoli
2 rote Paprika
2 Eier
2 EL Mehl
Jodsalz
0,3 l Rapsöl

So wird's gemacht:
Die Kräuter waschen und fein
hacken. Den Frischteig auf einer
glatten Unterlage ausbreiten. Das
Schweinefilet parieren. In einer
großen Pfanne das Butterschmalz
erhitzen und das Filet rundherum
kurz anbraten. Auf den Teig
legen, mit den Kräutern bestreu-
en, mit Salz und Pfeffer würzen
und in den Teig einrollen. An
den Kanten gut andrücken.

Den Backofen auf ca. 200 °
vorheizen und das Filet ca. 10
Minuten backen. Anschließend
einige Minuten bei 100 ° nach-
ziehen lassen.
Das Tomatenmark in die Pfanne
geben und leicht anbräunen. Mit
dem Rotwein und der Fleischbrühe ablöschen und reduzieren
lassen. Nun die Sauce abschmek-
ken und die kalte Butter einrühren. Den Blumenkohl und
Brokkoli in Röschen teilen und
kurz in Salzwasser blanchieren.
Die Paprika waschen, putzen
und in dicke Streifen schneiden.
Das Mehl mit den Eiern und dem
Wasser zu einem dünnen Teig
verrühren und diesen mit Salz
abschmecken.
Das Rapsöl in einer Pfanne erhitzen. Das Gemüse in dem Teig
wenden und im heißen Öl nach-
einander ausbacken. (Es kann
natürlich auch eine Friteuse
verwendet werden. Achtung
Spritzgefahr!) Das Filet in dicken
Scheiben aufschneiden und mit
dem Gemüse und dem Bratfond
servieren.

Sebastian

Der Soldat

Du brauchst dich vor dem Schrecken der Nacht nicht zu fürchten,
noch vor dem Pfeil, der am Tag dahinfliegt,
nicht vor der Pest, die im Finstern schleicht,
vor der Seuche, die wütet am Mittag.
Denn der Herr ist deine Zuflucht
(Psalm 91,5–6.9)

Ein Unerschrockener wird zum Volksheiligen

In den ersten Jahrhunderten unserer Zeitrechnung wurden die Christen sehr verfolgt: Die römischen Kaiser ließen sich von ihren Untertanen selbst als göttlich verehren und fürchteten die Konkurrenz durch den christlichen Gott.

So begegnen in dieser frühen Zeit viele Märtyrer: Menschen, die für ihren Glauben einstanden und deshalb den Tod fanden. Das griechische Wort „martys" bedeutet „Zeuge". Ein paar Märtyrer haben wir schon kennengelernt: Andreas am 30. November, Barbara am 4., Lucia am 13. und Stephanus am 26. Dezember.

Heute denken wir an Sebastian. Er wurde im 3. Jahrhundert in Mailand geboren und war Soldat im kaiserlichen Heer in Rom. Hier half er verfolgten Christen und bekehrte viele Menschen. Eines Tages erfuhr der brutale Kaiser Diokletian davon, daß Sebastian, ein vorbildlicher Soldat, Christ war. Wütend ließ er ihn an einen Baum binden und mit Pfeilen beschießen, bis es so aussah, als sei Sebastian tot.

Als aber eine junge christliche Witwe namens Irene den Leichnam vom Baum binden wollte, merkte sie, daß Sebastian noch lebte, und pflegte ihn gesund. Nach seiner Genesung marschierte Sebastian schnurstracks zum Kaiser und sagte ihm ins Gesicht, er sei schuldig, weil er die Christen verfolge. Natürlich war dies sein Todesurteil. Diokletian ließ ihn, der Legende nach am 20. Januar, zu Tode prügeln und in die Cloaca Maxima werfen, in das Sammelbecken für die Abwässer der Stadt Rom. Doch wieder kümmerte sich eine Christin um den Leichnam. Sie hieß Lucina. Sie barg den Toten und beerdigte ihn an der Via Appia bei einer Basilika, die heute den Namen des Märtyrers trägt.

Schon im 4. Jahrhundert wurde Sebastian in Rom verehrt. Als im Jahr 680 die Pest in Rom wütete, trugen die Menschen seine Reliquien durch die Straßen – wunderbarerweise erlosch daraufhin die Epidemie. Weil im Mittelalter immer neue Pestepidemien auftraten, wuchs die Bedeutung dieses Nothelfers immer mehr.

Sebastian gehört zu den Volksheiligen. An seinem Tag weihte man Sebastianbrote. Gegen die Pest trugen die Menschen Pfeile, die nach ihm Sebastianpfeile hießen. Die Soldaten und die Schützen betrachteten ihn als ihren Schutzheiligen.

In der Kunst wird er meist als schöner junger Mann dargestellt, an einen Baum gebunden und von Pfeilen durchbohrt. Der Baum kann als Lebensbaum angesehen werden. Zumal am 20. Januar oder einem der folgenden Tage nach altem Glauben der Saft wieder in die Bäume schießt, weshalb sie ab da nicht mehr beschnitten werden durften.

Auch Volkslieder besingen das Martyrium des Sebastian. Der Dichter Rainer Maria Rilke hat dafür ganz besondere Worte gefunden:

Sankt Sebastian

Wie ein Liegender so steht er; ganz
hingehalten von dem großen Willen.
Weitenтrückt wie Mütter, wenn sie stillen,
und in sich gebunden wie ein Kranz.

Und die Pfeile kommen: jetzt und jetzt
und als sprängen sie aus seinen Lenden,
eisern bebend mit den freien Enden.
Doch er lächelt dunkel, unverletzt.

Einmal nur wird seine Trauer groß,
und die Augen liegen schmerzlich bloß,
bis sie etwas leugnen, wie Geringes,
und als ließen sie verächtlich los
die Vernichter eines schönen Dinges.

(Rainer Maria Rilke)

Agnes

Die Reine
Ich bin der gute Hirt;
ich kenne die Meinen (Johannes 10,14)

Das junge Mädchen und das Lamm

Auch dieser Tag ist einer Märtyrerin gewidmet. Das Schicksal der Agnes erinnert ein wenig an das der Lucia vom 13. Dezember. Wieder schlägt ein junges Mädchen, ein Kind noch, einen Heiratsantrag aus, weil es sein Leben ganz Jesus weihen will. Wieder versuchen die Gegner es in den Dreck zu ziehen, können Flammen ihm nichts anhaben, wieder stirbt es am Schluß für seinen Glauben

Der Name „Agnes" bedeutet „die Reine". Und er erinnert an das Lamm Gottes – auf lateinisch „agnus Dei". Tatsächlich hat Agnes sich geopfert.

Über ihr Leben Ende des 3. Jahrhunderts in Rom und über ihr Martyrium ist wenig bekannt. Die Legende erzählt, daß sie reiche Eltern hatte und sehr schön war. Weil sie wegen ihres Glaubens den Sohn des römischen Stadtpräfekten nicht heiraten wollte, ließ dessen Vater sie in ein Bordell bringen. Dort versuchte der abgewiesene Verehrer ihr Gewalt anzutun, fiel jedoch tot zu Boden. Agnes soll ihn durch ihr Gebet wieder zum Leben erweckt haben. Als man sie anschließend auf dem Scheiterhaufen verbrennen wollte, blieb sie unversehrt – das Feuer tat ihr nichts. Da stieß man ihr ein Schwert in den Hals, woraufhin sie starb.

Eltern und Freunde der Märtyrerin begruben sie an der Via Nomentana und wurden während der Totenwache durch eine Vision getröstet: Sie sahen Agnes als Verlobte Christi, ein weißes Lamm neben sich.

Das Martyrium der Agnes soll sich am 21. Januar 304 ereignet haben. Fünfzig Jahre später, so berichtet die Legende, wurde Constanze, die Tochter des Kaisers Konstantin, vom Aussatz geheilt, weil sie Agnes um Beistand angefleht hatte. Dankbar ließ sie über ihrem Grab eine Kirche errichten: S. Agnese fuori le mura. Sie ist noch heute an einer Straßenkreuzung der Via Nomentana zu finden. Jahr für Jahr werden dort am 21. Januar zwei Lämmer gesegnet. Aus ihrer Wolle werden die Pallien gewoben, die weißen Stolen mit den schwarzen, gestickten Seiden-kreuzen, welche der Papst den Erzbischöfen überreicht. Nachdem die Pallien gewebt worden sind, werden sie in der Grabnische des hl. Petrus aufbewahrt, bis sie am Fest der Apostel Petrus und Paulus (29. Juni) den Erzbischöfen überreicht werden.

Agnes ist die Schutzherrin der Jungfrauen, aber auch der Verlobten, der Kinder und der Gärtner. Sie wird oft mit einem Lamm dargestellt, manch-mal mit besonders langem Haar – der Legende nach haben ihre Haare sie im Bordell vor Blicken geschützt. Auch ein Scheiterhaufen zählt zu ihren Attributen.

Agnes ist eine sehr beliebte Heiligengestalt. An ihrem Tag fütterte man früher die Tiere besonders gut, vor allem die Schafe. Am 21. oder 22. Januar, so glaubte man, steigt neuer Saft in den Bäumen auf: „Wenn St. Agnes und Vincentius kommen, wird neuer Saft im Baume vernom-men."

Agnesplätzchen

Das brauchen wir:
(für ca. 36 Stück)

150 g Zucker
300 g Butter, in kleinen Stücken
375 g Mehl
Aprikosenmarmelade
Puderzucker

So wird's gemacht:
Zucker, Butter und Mehl zu einem geschmeidigen Teig kne-ten und 10 Minuten in den Kühl-schrank stellen. Den Teig danach 6 mm dick ausrollen. Mit einer Schablone eine gerade Anzahl von Kreisen (ungefähr 5 cm Durchmesser) ausschneiden, auf ein gut gefettetes Backblech legen und 30 Minuten ruhen-lassen. Im vorgeheizten Ofen 12 Minuten bei 180 ° backen, bis die Kreise leicht gelb sind. Erkalten lassen, danach die eine Hälfte mit Marmelade bestrei-chen und mit jeweils der ande-ren Hälfte bedecken. Mit einem Hauch Puderzucker bestäuben.

Darstellung des Herrn

Mariä Lichtmeß

Altes und Neues Testament,
Judentum und Christentum begegnen einander.
Und ein letztes Mal erfreut uns das weihnachtliche Licht

Der Sohn Gottes kommt in sein Haus

Als Jesus 40 Tage alt war, wollten Maria und Joseph Gott ein Dankopfer bringen und Jesus im Tempel darstellen. So war es bei jedem Erstgeborenen 40 Tage nach der Geburt üblich.

Im Tempel begegneten sie Simeon. Das war ein alter und sehr frommer Mann. Sein Name bedeutet übersetzt „Gott hat erhört". Er wartete schon sehr lange darauf, den Messias sehen zu dürfen.

Als Simeon Maria mit dem Jesuskind sah, da erkannte er sofort, daß sein Wunsch endlich erfüllt war. Er nahm das Baby auf den Arm und sagte: „Nun läßt du, Herr, deinen Knecht, wie du gesagt hast, in Frieden scheiden. Denn meine Augen haben das Heil gesehen, das du vor allen Völkern bereitet hast, ein Licht, das die Heiden erleuchtet, und Herrlichkeit für dein Volk Israel" (Lukas 2,29–32). Und er sagte Maria, daß sie viel Leid würde ertragen müssen.

Noch jemand hielt sich im Tempel auf: Hanna, eine alte, fromme Frau, eine Prophetin. Auch sie erkannte in Jesus den Messias und dankte Gott, daß sie das erleben durfte.

Eine ganz besondere Begebenheit wird hier erzählt: Jesus kommt zum ersten Mal in seinem Leben in den Tempel. Der Tempel ist ja das Haus Gottes, seines Vaters – Jesus kommt also in sein eigenes Haus. Und wir wissen aus den Evangelien, daß er später sehr konkrete Vorstellungen davon hatte, was für dieses Haus angemessen ist und was nicht: Er verjagte die Händler und heilte Kranke. Doch das ist schon wieder eine andere Geschichte …

Das Ende des Festkreises und die Hoffnung

Mit dem heutigen Tag endet der weihnachtliche Festkreis. Er hatte am ersten Adventssonntag mit der Zeit des Wartens auf Jesus begonnen. An Weihnachten ist Gott Mensch geworden. An Dreikönig ist seine Göttlichkeit offenbar geworden. Und heute kommt er in sein Haus. Diese vertraute Reihenfolge begehen wir jedes Jahr wieder. Die Wiederholung meint: Der Weihnachtsfestkreis handelt nicht von etwas Vergangenem, das alljährlich wieder hervorgeholt wird wie ein Buch, das man liest, oder wie ein Film, der abläuft.

Sondern es geht in diesen Wochen um das Hier und Heute. Weihnachten ist ein Geschehen, das sich jedes Jahr neu ereignet: in unseren Herzen und zwischen den Menschen. Immer wieder entzündet sich am Stern über der Krippe diese Hoffnung: daß Christus, der in die Welt gekommen ist, auch heute nicht aus ihr verschwunden ist, sondern durch seinen Geist bei uns bleibt, bis er selbst einst wiederkommt.

Gebet

Lieber Herr Jesus,
heute ist der letzte Tag, an dem wir etwas von Weihnachten erfahren.
Du hast uns durch die vergangenen Wochen begleitet
und uns viel geschenkt.
Wir danken dir für das Erlebte
und bitten dich:
Bleib bei uns heute, morgen
und für immer,
so wie du es uns versprochen hast,
als du sagtest:
„Ich bin bei euch alle Tage bis zum Ende der Welt."
Darauf vertrauen wir.

Amen

Kerzenweihe

Am heutigen Tag spätestens wird die Krippe abgebaut, wird der Baum geplündert. Die Menschen schauen nach vorn, ins begonnene Jahr. Früher wurden am 2. Februar die Kerzen für die Kirchen und die Familien geweiht. Deshalb fanden an diesem Tag auch Märkte statt, auf denen Wachserzeugnisse verkauft wurden: die Lichtermessen. Weil es gleichzeitig nach dem Lukasevangelium der Tag ist, an dem Maria in den Tempel geht, bürgerte sich der Name „Mariä Lichtmeß" ein.

Das feierliche Gedenken an Marias Gang in den Tempel und an die Darstellung des Herrn läßt sich bis ins 4. Jahrhundert zurückverfolgen. Erst später verbanden sich Kerzenweihe und Prozession mit diesem Fest – dabei nahm man ein heidnisches römisches Sühneritual auf und deutete es um: Christus ist das Licht der Welt, durch ihn sind wir entsühnt. Auch der alte Simeon sprach, als er Jesus im Tempel sah, vom Licht, das allen Völkern gilt. Jesus ist das Licht, das – in symbolischer Gestalt der Kerzen – mit heimgenommen wird. Für die Weihe brachten die Menschen oft ganz unterschiedliche Kerzen in die Kirche: verschiedenfarbige jeweils für Männer und Frauen – und vor allem schwarze Kerzen: Das waren die Wetterkerzen, die daheim angezündet wurden, wenn ein Unwetter drohte, damit Haus und Hof verschont würden.

Mariä Lichtmeß war früher ein offizieller Feiertag, an dem die Dienstleute auf den sogenannten Schlenkermärkten einen neuen Arbeitgeber suchten. Ab jetzt gingen die Bauern aufs Feld, und für die Handwerker reichte das natürliche Tageslicht wieder aus.

Zur Feier des Tages gab es Pfannkuchen. Gelang es der Hausfrau, den ersten so in die Luft zu werfen, daß er glatt wieder in der Pfanne aufkam, so bedeutete das, daß ihr das Geld in diesem Jahr nicht ausgehen würde.

Und natürlich hatte der Tag auch seine wettermäßige Bedeutung, wie folgende Sprüche zeigen: „Ist's zu Lichtmeß mild und rein, wird's ein langer Winter sein." „Wenn's an Lichtmeß stürmt und schneit, ist der Frühling nicht mehr weit; ist es aber klar und hell, kommt der Lenz wohl nicht so schnell."

Heute, da die Arbeitswelt von anderen Gesetzmäßigkeiten bestimmt ist und die Kerzen nicht mehr die einzige Lichtquelle im Winter sind, ist dieses Brauchtum in den Hintergrund getreten. Und aus dem Marienfest ist nach dem kirchlichen Festkalender wieder ein Herrenfest geworden. Wir erinnern uns an die älteste Bedeutung dieses Tages: daß Jesus Christus ins Haus seines Vaters kommt.

Am Feste Mariä Lichtmeß

Durch die Gassen geht Maria,
In dem Arm den Sohn, den lieben,
Hält ihn fest und hält ihn linde,
Und ihr Auge schaut auf ihn.
Wie die Englein ihn gesungen,
Ihn die Hirten angebetet,
Huldigten die grauen Weisen,
Läßt sie still vorüber ziehn.

Aber Joseph ihr zur Seiten
Ist in Sorgfalt ganz befangen;
Prüfend frägt er alle Steine,
Ob ihr Fuß zu kühn sich wagt;
Weiß nicht, was er wird erleben,
Aber wunderbare Dinge
Haben aus des Kindleins Augen
Sich ihm heimlich angesagt.

O Maria, Mutter Christi!
Soll ich denn zu dir mich wagen
Mit dem schuldgepreßten Herzen,
Mit dem trüben Sünderblick! –
Die du hast gleich mir gewandelt,
Hast gesiegt, wo ich gesunken,
Weh, vor deiner lichten Krone
Bebt mein scheues Fleh'n zurück.

Doch du neigst dein liebes Kindlein,
Und es reicht die linden Hände.
O mein lieber Herr und Richter,
Bist du mein Erlöser nur?
Ach, wie hab' ich mich gefürchtet,
Und nun bist du lauter Liebe!
Alle harten Worte schweigen
Und dahin ist ihre Spur …

Aus den Hallen tritt Maria,
In dem Arm den Sohn, den lieben,
Hält ihn fest und hält ihn linde,
Und auf dem ihr Auge ruht.
O, sie hat das Glück getragen
Durch neun wonnevolle Monde;
Was verkündet jene Frommen,
Trug sie längst im glüh'nden Mut.

Aber Joseph stillen Schrittes
Tritt nicht mehr an ihre Seite,
Da das liebe, liebe Kindlein
Nun der Herr der ganzen Welt.
Doch wie höher steigt die Sonne,
Schleicht er leis' an ihre Schulter,
Und er zupft an ihrem Mantel,
Daß der Schleier niederfällt.

(Annette von Droste-Hülshoff)

173

Kerze mit goldenem Aludraht

Das brauchen wir:

1 weiße Kerze
1 roten Wachsstift
1 metallic-roten Wachsstift
Aluminiumdraht, gold,
2 mm dick
1 Drahtsteckplatte mit
Vorlagebogen für einen Stern
(von KnorrPrandell),
ca. 18 x 18 cm
Wachsrundstreifen, gold,
2 mm dick, 20 cm lang

So wird's gemacht:
Die weiße Kerze mit der
Wachsfarbe bemalen. Sie können
dazu einen alten Pinsel nehmen
und die beiden Wachsfarben
direkt auf der Kerze vermischen.
Gut trocknen lassen. Um den
oberen Rand den Wachsrundstreifen legen. Fertigen Sie nach
Anleitung auf dem Vorlagebogen
einen Drahtstern auf der Drahtsteckplatte. Den Rest des Alu-
drahtes wickeln Sie um die Kerze,
fügen den Drahtstern gleich mit
an und drehen zum Abschluß
kleine Schnecken, die Sie am
besten etwas in die Wachsfarbe
eindrücken.

Crêpes

Das brauchen wir:
(für 12 Stück)

2 Eier
3 EL Mehl
1 EL Zucker
1 Prise Salz
¼ l Milch
Bratfett

So wird's gemacht:
Eier und Mehl mit dem Schneebesen verrühren. Zucker und Salz dazugeben und mit Milch verschlagen. Fett in einer Pfanne auf mittlerer Stufe erhitzen. Teig mit der Schöpfkelle eingießen, dabei die Pfanne so drehen, daß der Boden gleichmäßig und dünn bedeckt ist. Crêpes von beiden Seiten goldbraun backen und zwischendurch mit einem Pfannenmesser wenden. Pur essen oder süß, mit Marmelade bestrichen oder mit Eis und Früchten gefüllt. Für die pikante Variante die Crêpes nach Belieben mit Frühlingsgemüse, Frikassee oder Hackfleisch, Paprika und Zwiebeln füllen.

Verzeichnisse der Rezepte, Lieder und Bastelideen